Fiorella Terrazas
aka FioLoba

CAM GIRL
& Other Poems
(2017 - 2021)

Translated from the Spanish by
Reina Jara Barrientos

Dulzorada Press

CAM GIRL & OTHER POEMS

Copyright © 2021, Fiorella Terrazas Espinoza
An assemblage of poems originally published in Peru between 2017 and 2021, in the chapbooks *Hedores* (2017), *Los Tratados de la Perdedora* (2017) and 🖐 (2020), as well as on various websites.

English translation © 2021, Reina Jara Barrientos
Foreword © 2021, Lucía Carvalho Sandoval

Cover design © 2021, Grettel Montesinos | @studio.pumk
Photograph on page 258 © 2021, Oscar Zemarti | @oscarzemarti

© 2021, Dulzorada Press
Editor-in-chief: José Garay Boszeta
Email: jose@dulzorada.com
Book design and layout: Miguel Garay Boszeta
Email: miguel@dulzorada.com
Dulzorada logo design: Bidkar Yapo | @nacionchicha.pe

All rights reserved. No part of this publication may be reproduced, distributed, or transmitted in any form or by any means, including photocopying, recording, or other electronic or mechanical methods, without the prior written permission of the publisher, except in the case of brief quotations embodied in critical reviews and certain other noncommercial uses permitted by copyright law.

ISBN-13: 978-1-953377-05-0 (Paperback)
ISBN-13: 978-1-953377-06-7 (Hardcover)
Published by Dulzorada Press
http://Dulzorada.com

Printed in the USA

CONTENTS

Foreword: **Behind a Cam Girl**   9
by Lucía Carvalho

CAM GIRL & OTHER POEMS

    I. Inanición / Starvation   16

    II. Power   58

    III. Poe-Futuro / Poe-Future   106

Index of Poems   253

Behind a Cam Girl
by Lucía Carvalho

Turn on your favorite device. Log in to your social network of choice. The virtual world, the world connected by fiber optic cables, the world disconnected by post-truth. In this sick and sad world I met Fiorella Terrazas, or rather, @FioLoba, her virtual alter ego. I met Fio and read her on the Internet, through text messages, in fifteen-second videos and in photos that are deleted after 24 hours, remaining submerged in the depths of the networks to come back, maybe next year, with the purpose of reminding us of that precise moment in which we accepted each other as friends, as sisters. Because we followed each other and became sisters through literature, poetry, kittens, memes and anime. Now that I am writing this preface to her work from that affection and tenderness, I remember that I arrived at FioLoba's poems in a moment of confinement, encapsulated within the four walls of my fears and apprehensions towards my surroundings, ashamed to go out in the street with nothing to cover my face. At that very specific moment in my life, Fiorella Terrazas' poetry was as much a blow as it was an embrace.

Although attempting to define poetry is a dead-end road, a never-ending journey, I will say in this brief introduction that poetry is above all a way of giving form to ideas. It is true that Fiorella's writings are crossed by non-binarity, but not the kind that rejects the dichotomies of masculine/feminine in a mechanical and doctrinaire fashion. It is rather a creative non-binarity, which does not cease to exchange gender roles, remixing them and seeking to open spaces in the ambiguity of unexpected transformations. Her writings are thus charged with an audacious irreverence. FioLoba is not afraid to take a shot at the keyboard, to allow a set of random letters to become the title of a poem. She is not afraid to identify herself with the label of "Loser", and to write a series of treatises to that effect. *The loser is me. The one who turns on the mobile phone to see multiple shadows grow under a little bit of light, who listens to the moans of those frightened to death.* Neither to celebrate her own power as a "Winner", without the slightest dose of false modesty. *The family biatch who knows how to stand tall with all her teeth filled, put your bibs on before I do my runway victory walk.* In Fiorella's poetics we also find glimpses of glitch feminism, a concept coined and developed by artist and writer Legacy Russell, who defines it as a cultural movement that "aims to use the digital as a means of resisting the hegemony of the corporeal."[1] Glitch has to do with error, with what is born failed. In these mistakes we can find an invitation to creativity and the freedom of being. In that sense, Fiorella explores in her poems the multiple possibilities of her own persona, as she ventures to discover her loser-self and her winner-self. For we can always find strength in our failures, which perhaps are only such and we call them so for fear of not meeting the expectations of previous generations. For this reason, voices like Fiorella's become very powerful expressions for our generation, a generation that grew up and developed in digital duality, that makes excessive use of images, whether in the form of memes, stickers or emojis. We can carry

---

[1] Russell, Legacy. *Glitch Feminism: A Manifesto.* Verso, 2020. See also: https://youtu.be/DqNPgd5B3io

on entire conversations using only images while perfectly understanding the emotions behind each one of those pictures. Fiorella appropriates all the images she finds and, with millennial nostalgia, proceeds to subvert their resignifications. Behind every Cam Girl there is a child-woman trying to break the system as the walls of her room seem to suffocate her.

Fiorella's poetic voice represents the strongest contradictions within her: her toughness and her vulnerability, as well as the permanent doubts and questions of existence. *Because I cannot be ANTI ANTI, / since the union of 2 negatives generates something positive / I'm either 1 double negation of music, of ideas / or I'm 1 wandering doubt along 40 blocks of Arequipa Avenue 1 afternoon / not in the summer, but in the winter / no foundation on my face, no filters on my emotions.* In her poems, FioLoba frequently uses the numerical figure "1" to name herself, instead of writing the male and female numerical pronouns (uno, una). I think this is a way of alluding to her non-binary identity, of giving an ambiguous sense to her gender. In her poems she refers to herself as both feminine and masculine. A *drag* form of writing, blurring the boundaries of gender and making fluidity an expression of art and rebellion. In *Poets are Dying*, FioLoba presents a vision of poetry as a mutant entity in constant transformation. This is also how she processes her language: through videos, audios and other media that allow her to unmake and remake her own writing.

Fiorella, like many of us, is part of a generation of writers who find in the utopian virtuality of the Internet a space full of possibilities for the publication, distribution and self-production of their own literary proposals, distancing themselves more and more from the need to be discovered by a prestigious publishing house or waiting for a literary award as a sign of consecration. This generation of Internet

poets, however, is very different from the well-known Social Media poets, since they are not concerned with their number of likes or followers, but rather with the small global niches, the underground zones that connect and create a kind of digital counterculture. Internet poets like Fiorella use digital platforms and Web 2.0 as tools for their writing, but they are very aware of their implications, questioning their emotional charge and political influence over life offline. This questioning crosses social and economic factors, class differences, privileges and systems of repression that are still present in this second decade of the 21st century. It is a question of affirming the permanence of the ethical and political codes of cyberpunk culture. Despite being constantly invaded by the logic of the state and corporations, cyberspace can still be transformed into an anti-system place. These virtual spaces still offer us infinite possibilities for DIY creation, with the potential to have an impact on our lives outside the screen. Finally, *Cam Girl & Other Poems* could not be a collection of poems about our generation without portraying the heavy burden of anxieties, uncertainties and frustrations that we carry within ourselves. Whether you are in Peru, Bolivia or South Korea, us millennials always have something in common, namely, our socioemotional pathologies. In Fiorella's poems we find the saga of generational pains expressed in a direct way, from her own individuality. It could not be otherwise, since, as we have learned from the feminist and queer movements, everything that is personal is also political.

Since these poems were written over a period of 5 years (2017 - 2021), we can notice a subtle development in Fiorella's style and subject matter. Her most recent poems reinforce a celebration of pop aesthetics, but we also find a clear reflection of her political self in poems like *Kinesthesia* and *PNP throws explosives at those who do not want the ex-president to be released. This world is no longer a meme, / the road has*

has also been made for warring like this, for the benefit of all. This collection of writings by Fiorella Terrazas can be placed among those works that represent the testimony of an era. With freshness and authenticity, and without shedding its fervent anti-system rebelliousness, Cam Girl proposes a deep, hyper-connected and hypersensitive turn in millennial poetics. Here the poetic voice is not a passive being that resolves itself in the contemplation and description of the spirit of our times, but rather a hyperactive being that is always seeking, in words and actions, for new ways to disrupt the established order. Perhaps this is not the voice of one generation, but of many generations, past and future. The voice of those who connect and disconnect just to feel that we are still part of someone and something.

Santa Cruz, Bolivia. September 2021.

CAM GIRL
& Other Poems
(2017 - 2021)

INAN

STARV

CIÓN

ATION

LOS TRATADOS DE LA PERDEDORA

TRATADO 1
Una perdedora mira siempre para abajo con el flequillo dormido y espantado. La gente alrededor observa ese ceño fruncido y nota: no inquietud, pero sí coraje que aprieta el llanto. la desconsolada está desapareciendo tras unas manchas que no puede ver sin ayuda. Su dureza se transforma en viento negro, como un borde de chakra que acaba de despertar en una ninja con voto de silencio. Entonces la alarma suena. Ella llegó a la estación final.

TRATADO 2
En el fondo de la mujer burlada se sella un lamento. Pero este tiene vida, poder, se mueve. Empuja las rejas, araña el piso y el techo. Teje dolor a quien lo contiene. La perdedora repite como un mantra debajo de todos los dolores: "No saldrás, yo soy la fuerte." Ella mira hacia los lados con temor. Confunde los lugares ¿Sabes qué difícil es no ser humano?¿Huir es la mejor forma de caer?

TRATADO 3
La perdedora lo busca y no lo encuentra. Decide: este será el último poema que sienta. Me dedicaré a la ciencia. Y esos versos, que guardó en su boca hace mucho, correrán hacia un cementerio en el mar para los tardígrados carroñeros. Las madres llevan pedazos a sus hijos. Coman y beban versos totalmente perdidos, dice. Aprendan a chupar vida de las migajas y a transfigurar rocas que se hallan en las vertientes de sus OJOS, aunque sean ciegos.

TREATISES OF THE LOSER

TREATISE 1
A loser always looks down with sleepy and frightened bangs. The people around observe that frown and notice: not disquiet, but rather courage squeezing her tears. The disconsolate one is disappearing behind some dark spots that she cannot see without help. Her hardness transforms into black wind, like the edge of a newly awakened chakra in a ninja under a vow of silence. Then the alarm sounds. She arrived at the final station.

TREATISE 2
In the depths of the mocked woman a lament is sealed. But this one has life, power, it moves. It pushes the bars, scratches the floor and the ceiling. It knits pain into the one who contains it. The loser repeats like a mantra underneath all the pains: "You won't get out, I am the stronger one." She looks to the sides in fear. She confuses places. Do you know how hard it is not to be human? Is running away the best way to fall?

TREATISE 3
The loser looks for it and she can't find it. She decides: this will be the last poem I feel. I will devote myself to science. And those verses, which she kept in her mouth since long, will run to a graveyard in the sea for scavenging tardigrades. The mothers bring pieces to their children. Eat and drink verses lost totally, she says. Learn how to suck life out of the crumbs and to transfigure rocks that are found on the slopes of your EYES, even if you are blind.

TRATADO 4

La perdedora busca la cabeza hundida entre sus piernas. Ella espera la sonrisa que pueda ser el alma o el arma que ahogue todos los llantos. En las comisuras de los dedos se escribe la línea de líquido sintético. Cansada está la idea encima de su vista, la bala que se disparará en el Word y los efluvios. La perdedora termina. Se queda estancada. Quema una y mil palabras, laberintos, caminos en la memoria. Perdedora, no me oyes, pero yo te sigo.

TRATADO 5

La perdedora sigue el sendero de las combis hacia su nuevo refugio. Para no variar: insano. Alternado entre la vida de quienes no la siguen, el dinero se ha convertido en ganancia perdida, se ha vuelto materia para conseguir lo fácil y líquido. La perdedora sabe que el término familia no existe en ese círculo vicioso. Hay ira, arte y paciencia para retorcer sus propios huesos entre la miseria. Clavarse los cuchillos de la sed de estiércol.

TRATADO 6

La perdedora tuvo un hogar incierto. Al parecer la gente de su especie, con igual apellido paterno, no supo determinar sus capacidades metódicas. Le extrajeron el aire y mundo para ella cuando era solo una niña. Siempre hubo drogas, ira, impaciencia, dedicación al chisme. Y ese quehacer erótico de saber lo que daña el corazón de personas ajenas, y de llorar ausencias, alimentó la familia de la ruina. No su padre, no su madre. Elementos de lo que se hablará más tarde. Ahora vienen en la adultez de sus sueños, dentro del papel higiénico que raspa, y va llamando la atención de esos otros elementos. Ellos no muestran lo que daña la procesión de colores y carnavales en sus

INANICIÓN / STARVATION

TREATISE 4
The loser looks for the head sunk between her legs. She awaits the smile that could be the soul or the weapon that drowns all the tears. At the commissures of fingers, the line of synthetic liquid is written. The idea is tired above her sight, the bullet that will be fired in Word and the effluvia. The loser stops. She gets stuck. She burns one and a thousand words, labyrinths, memory lanes. Loser, you do not hear me, but I follow you.

TREATISE 5
The loser follows the path of the *combis* towards her new refuge. No variation: insane. Alternating between the lives of those who do not follow her, money has become a lost profit, it has become a material to obtain what is easy and liquid. The loser knows that the term family does not exist in this vicious circle. There is anger, art and patience to twist her own bones amidst the misery. To stick herself with the knives of the thirst for scum.

TREATISE 6
The loser had an uncertain home. Apparently the people of her own kind, with the same paternal surname, did not know how to determine her methodical abilities. They extracted the air and world from her when she was just a child. There were always drugs, anger, impatience, dedication to gossip. And that erotic affair of knowing what hurts the heart of strangers, and of mourning absences, fed the family from ruin. Not her father, not her mother. Elements that will be discussed later. Now they come in the adulthood of her dreams, inside the chafing toilet paper, drawing the attention of those other elements. They do not show what damages the procession of colors and carnivals in their

pequeñas almas, pero si hablamos de los chuzos, gente que necesita su hambre, su sed, que actúa como captcha para probar que no son máquinas. Desesperan sus órganos en el fondo. La familia de la perdedora es la manada de coyotes en el Olimpo. Es el Infierno del hastío. Hoy todos fueron eliminados de facebook.

TRATADO 7
La perdedora toca lo que ama. Eso se convierte a los días en algo seco. Este método, imposible para reunirse con la gente que ve, logra fomentar esa desidia. Los demás también pueden fracasar como ella, pueden analizar lo que se graba en el tape de la mente. Pero eso puede ser tocado otra vez, se puede convertir otra vez y empezar a contar de migaja en migaja la esperanza. Ya no buscamos un acto solemne. El cielo está verde ahora. Soy solo un hombre de pie en una avenida, sin rumbo seguro, al lado de una esquina que ni Dios quiere girar. Soy la despeñada que no huye, la que luego de rodar se queda llorando con todos sus músculos que brillan maravillosamente, capaz de convertir en polvo todo lo que ama.

TRATADO 8
Sabes que cuando alguien muere tocan las campanas del cielo de una manera frenética. Alguien busca llorar su última lágrima aunque tenga la certeza en su corazón de que no es la última vez. Precipitará los suelos. Cuando los momentos de laburo no opacan las ganas de buscar a gritos un corazón a la altura de tus parásitos. ¿Por qué asustas a los débiles siendo fuego artificial cuando amas? Para soportarte necesitan recargar sus pilas porque saben que los tocarás para que se escondan debajo de tus mordidas. Así hablaba la perdedora. Abrazaba a los seres humanos para convertirlos en árboles. Ella tenía miedo de morir allí,

little souls, but if we talk about the scars, people who need their hunger, their thirst, who act like a captcha to prove that they are not machines. Their organs in despair deep down. The family of the loser is the pack of coyotes in Olympus. It is the Hell of jadedness. Today they were all deleted from facebook.

TREATISE 7
The loser touches what she loves. That thing turns into something dry after a few days. This method, which makes it impossible to meet with the people she sees, succeeds in fostering that apathy. The others can also fail like her, they can analyze what is recorded on the mental tape. But that can be played once again, can be converted once again and begin counting hope, crumb by crumb. We are no longer looking for a solemn act. The sky is green now. I'm just a man walking down an avenue, with no direction, standing next to a corner that not even God wants to turn. I'm the wayward one who does not run away, the one who after rolling downhill is left weeping with all her muscles glowing beautifully, capable of turning everything she loves into dust.

TREATISE 8
You know that when someone dies, the bells of heaven ring in a frantic way. Someone strives to shed the last tear even though they have the certainty in their heart that it won't be the last time. It will make the soils precipitate. When the moments of toil do not dull the desire to cry out seeking for a heart to match your parasites. Why do you scare the weak by being a firework when you love? To put up with you they need to recharge their batteries because they know you'll touch them so they can hide under your bites. Thus spoke the loser. She embraced human beings to turn them into trees. She was afraid to die there,

salvando pájaros, porque tú sabes que la tortura no acaba sin haber destruido al menos 7 colores del arco iris en RGB, porque sabes que la perdedora no comprenderá la ausencia, no la podrás ayudar y porque ella sabe que nadie la escuchará del otro lado.

TRATADO 9
He decidido morir hoy por inanición. No tengo dinero pero si un libro de Juan Rulfo. Tal vez mis microorganismos creen un azar y de este libro nazca un panteón a donde se irán a morir mis entrañas. Contemos cuántos han venido a clavarle estacas a mi pecho, que se ha vuelto vampiro y baila en la noche confusa. Los chanchitos de tierra, que ya no pueden alimentarse de mi cuerpo, formarán un nuevo hogar bajo mis pies, y mis manos hipnotizarán la cueva que me traslada hasta tu alma desierta.

TRATADO 10
La perdedora soy yo. La que prende el móvil para ver crecer sombras múltiples bajo un poquito de luz, escucha los quejidos de los muertos de miedo, porque si no falla el aire alrededor de sus cuerpos invisibles no fallarán mis fuerzas para enflaquecer la carne. Hoy moriré, mezquina hasta en el pecado. Guardando el sueño donde deshojo árboles y cambian de color las cosas. A mí me matarán los murmullos cuando el miedo se retrase porque la ilusión se ha vuelto el lugar común para guardar a Dios. Nadie me hará caso si no estorbo. Conservaré la maldición en el cuerpo y me enterrarán en tu tumba abrazada al hueco de tu pecho, luego de no haber levantado la cabeza y haberme olvidado del cielo. Y los pecados de todos serán cegados por un rayo para que por fin la demencia se inocule en sus mentes. Que el Rayo llegue en dirección a los ganadores y que comience de una vez la era los estremecimientos.

saving birds, because you know that the torture doesn't end without having destroyed at least 7 colors of the RGB rainbow, because you know that the loser will not understand the absence, you will not be able to help her and because she knows that no one will listen to her on the other side.

TREATISE 9

I have decided to die today by starvation. I have no money but I do have a book by Juan Rulfo. Perhaps my microorganisms will create a random chance and from this book a pantheon will be born where my guts will go to die. Let's count how many have come to drive stakes into my chest, which has become a vampire and now dances in the confused night. The woodlice, no longer able to feed off my body, will form a new home under my feet, and my hands will hypnotize the cave that transports me into your deserted soul.

TREATISE 10

The loser is me. The one who turns on the mobile phone to see multiple shadows grow under a little bit of light, who listens to the moans of those frightened to death, because if the air around their invisible bodies does not fail my strength to weaken the flesh will not fail either. Today I will die, mean-spirited even in sin. Keeping the dream where I shed trees and things change color. I will be killed by murmurs when fear is delayed because illusion has become the common place to keep God. No one will listen to me if I don't become an nuisance. I will keep the curse on my body and I will be buried in your grave hugging the hole in your chest, after not having raised my head, after having forgotten heaven. And everybody's sins will be blinded by lightning so that at last insanity will inoculate their minds. May the Lightning strike in the direction of the winners and may the age of shuddering begin once and for all.

DUIDHAIDHAJAK

En mi primera gira mundial
besé carbón
como símbolo de inconformidad
con la sabrosura
aunque me gustó tanto
que viajaría a 1 mundial de fútbol para consumir más
de los encéfalos concentrados
en que una esfera emboque en hilos atados
pasaría las fases solo para detener el balón
solo para becar a dos voluntarias más
para colorear sus lóbulos
con mi depresión solemne
entonces qué?
esta alienación nace de mí?
soy la zona descarrilada más figurativa de todas?
mis mañanas saben a desayunar pecanas
y abro lento los ojos
maquino mi cama
de hombre macabro
de 23 personalidades
y así me alimento ZEF
también escuchas música polirrítmica cuando te duchas?
ponle tus EMOJIS favoritos a este sueño
o los últimos que usaste
con atrasos
abordemos nuestras propias naves
apliquemos RESET
y rellenemos la CAJA con ideas que nos sacarán de este mundo.

INANICIÓN / STARVATION

DUIDHAIDHAJAK

On my first world tour
I kissed the coal
as a symbol of non-conformity
with the luciousness
altought I liked it so much
that I would travel to 1 World Cup to partake on more
of the concentrated encephalons
in which a sphere would sink into tied threads
I would go through all the stages just to stop the ball
just to give scholarships to two more volunteer girls
to color their lobes
with my solemn depression
what then?
is this alienation born out of me?
am I the most figurative of all derailed zones?
my mornings taste like pecans for breakfast
and I slowly open my eyes
I devise my bed
of macabre man
of 23 personalities
and so I feed myself with ZEF
do you also listen to polyrhythmic music when you shower?
put your favorite EMOJIS on this dream
or the last ones you used
with delays
let's climb aboard our own spaceships
let's apply RESET
and fill the BOX with ideas that will take us out of this world.

Palabra de hotel

*"Por eso un poema no es un poema si no sabe congelar la muerte.
Por eso el hacha nunca llega a su cuello, pero está ahí, a punto de desmembrarlo."*
Álvaro Lasso

Él acaba de sonarse la nariz a vista y paciencia de los adolescentes.
En sus lágrimas se derrama la ausencia de un yo que lo salve.
Prófugos del mundo
¿Qué son 4 paredes arañadas en un hotel cualquiera de Lima, una cama tejana, dos cuerpos y un alma?
Durmamos juntos esta madrugada de conversión → una persona
bañada en charla de hierba explora lagunas mentales.
Échale varios años a esta cárcel de penumbra,
y que se transcriban las voces en las interrupciones ruidosas
[de otras camas.
Ahora que la historia se pone interesante, imiten la grabación del
[predicador del Edén.
No tengo duda que sus fragmentos de muerte colisionarán mis paredes
porque la caída de su inocencia se fragmenta como bombas.
En perfecta expresión un hombre mirando a otro a los ojos.
El pueblo y la ciudad, el camino, el aullido, el recorrido detrás de la
[honestidad.
Siento tensos sus músculos enredándose miserablemente /
[todo está bien:
la guerra es imposible
Y este periodo cubre los sueños dorados e impregna
[de rosas la gloria

INANICIÓN / STARVATION

Motel words

*"That's why a poem isn't a poem if it doesn't know how to freeze death.
That's why the axe never reaches his neck, but is there, about to dismember him."*
Álvaro Lasso

He has just blown his nose in plain sight of the teenagers.
His tears spill the absence of a self to save him.
Fugitives of the world
What are 4 scratched walls in any given motel in Lima, a Texan bed, two bodies and a soul?
Let's sleep together in this dawn of conversion → a person bathed in grass-talk explores mental gaps.
Hitch several years into this gloom of prison
and let voices be transcribed in the noisy interruptions
[of other beds.
Now that the story gets interesting, imitate the Eden Preacher's
[recordings.
I have no doubt his fragments of death will collide my walls because the fall of his innocence fragments as bombs do.
In perfect expression one man looking another in the eye.
The town and the city, the road, the howl, the journey in pursuit of
[honesty.
I feel his tense muscles tangling miserably /
[everything's ok:
war is impossible
And this period covers the golden dreams and permeates
[the glory with roses.

Yo los amo hombres: ¡La guerra es imposible!
Suspiro ciego de un libro en nuevo arreglo.
Levanta el culo en el aire y balancéate, hazte sodomía,
                                                    [hazte enfermedad
al son de este libro escrito con mis no manos.
Soy la tierra y el cielo: amor carnal + amor de alma = Fatalidad
                                                        [entre la lluvia.
Y la felación es un panegírico, una suscripción al cielo + un culo
                                                        [para la diversión.
Una gran unión dentro de la burla no oficial. Juntos finalmente una vez
sin negarse a parar la historia.
Saca la sabiduría del viejo rostro.
¿Nuestras épocas no fueron anunciadas?
Reciban la despedida de este hotel-columna vertebral.
Adiós reyes, dolorosos renunciantes, en estas últimas páginas.
En la marcha fúnebre,
en la muerte de los héroes,
yo sigo aquí una liviana madrugada entrada en copas,
con mis paredes rotas y mis camas lumínicas.

INANICIÓN / STARVATION

I love you men: war is impossible!
Blind sigh of a book in new arrangement.
Lift your ass in the air and sway, sodomize yourself,
                                    [become a disease
to the sound of this book written with my not-hands.
I am the earth and the sky: carnal love + soul love = Fatality
                                    [amidst the rain.
And fellatio is a eulogy, a subscription to heaven + an ass
                                    [for fun.
A great unity within the unofficial mockery. Finally together at last
without refusing to put an end to the story.
Bring out the wisdom of the old face.
Were our times not announced?
Receive the farewell of this motel-vertebral spine.
Farewell kings, painful renunciants, in these last pages.
In the funeral march,
in the death of heroes,
I'm still here on a lightweight morning with a few drinks too many,
with my broken walls and my luminiscent beds.

Existen hombres que desean morir en mis nalgas, enredarse entre rosas, hundir las espinas en el torso, ellos desean dejar de ser exilio en las montañas y asearse a lengüetazos mutuamente para el sepelio, Añoran ahogarse cubriendo la sed con leche de las guerras / NiñosNoNacidos / duermen ahora / gatean hasta llegar al núcleo de la materia / la omnipresencia / y hay arbustos que quieren devorar rocas ponzoñosas y herirme a gritos en la tibieza de un encuentro sostenido por los deseos de los que siguen abandonando el llanto entre leche tibia / la saliva / y se secan luego para empezar a cogerme en su tierna fechoría.

INANICIÓN / STARVATION

There are men who wish to die on my buttocks, entangle themselves among roses, sink their thorns in my torso, they wish to stop being the exile of the mountains and to lick each other clean for the burial. They long to drown themselves by covering their thirst with the milk of wars / UnBornBabies / sleep now / crawling until reaching the core of matter / the omnipresence / and there are bushes that want to devour poisonous rocks and hurt me screaming in the warmth of an encounter sustained by the desires of those who continue to abandon the crying amidst lukewarm milk / the saliva / and then they dry themselves off and start to fuck me in their tender misdeeds.

SLAVE

A mi todas las calles me huelen a leche
de las rejas solo me sacan a pasear
ideológicamente
con 1 collar en el cuello
sin factor dominante sino con el dominio
en el corazón como ave azul
bajo todas las llaves
englobando las cerraduras y que salga el sol
para secar el cemento
que atrancará toda posibilidad dominante
que le pongan púas a mis manos
a mi soltura que no es voluntad
cambiamos de falda de short
para ajustar un poco nuestra comunidad
prohibimos dementes en cenas que ya arrochan
ansiosa entre las piernas
poner en mute a todos
los controles colgarlos
y allí mi mente
y que música psicodélica
silencioso remix de 20 larvas
y 333 caracoles en mi cuerpo
que quieren construir bosques
saliva de última noche
en invierno

SLAVE

All the streets smell like milk to me
they only take me out of the cage for a walk
ideologically
with 1 collar around my neck
with no dominant factor but with the dominion
in my heart like a blue bird
under all the keys
encompassing the locks and just let the sun rise
to dry the cement
that will clog every possibility of dominance
let them put spikes on my hands
to my looseness that is not disposition
we change our skirts our shorts
to tighten up our community just a little
we forbid maniacs in dinners that are already cringy
anxious between my legs
put everyone on mute
the remotes hang them up
and my mind up there
and let psychedelic music
a silent remix of 20 larvae
and 333 snails in my body
wanting to build up forests
saliva of the last night
of winter

luego en el calor
me abrazaré fresca
rapada en mi techo
contando papeles
estrellas
esferas titilantes que logro ver sin lentes.

INANICIÓN / STARVATION

then in the heat
I'll embrace myself fresh
shaved on my roof
counting papers
stars
twinkling spheres that I manage to see without glasses.

aefecto aforismo asocial

Constantemente por causa del efecto placebo entran cosas en mi ojo.
Cuando oreo con humito sano las huacas y me desprendo del cáncer
que se ha vuelto un motivo más para morir en esta ciudad. que te hace
[guiñar a la fuerza
mirándolos a ellos cargar las bombardas
y activando la explosión de la bomba química
Ya no habrá quien salve a nuestros brujos.
Míralos,
allí vienen con la intermitencia de mil estrellas
y ellas vienen a destruir esta "pulcra" caza
y construyen el hoyo en donde gritarán.
Las tumbas de los niños
se atoran en las bocas de los mundos sin que alguien las calle.
Seres hipnopédicos todos sordos,
viene cojeando una madre cargando el cadáver
[de sus cincuenta familias.
Somos más los que no podemos ayudar.
El instinto social ya no se reproduce ¡Es un embuste!
suma los defectos de nuestra generación y la tuya.

¿Mi corazón se ha convertido en un pedacito de pollo broster o de pista en mal estado?

Pienso en sentimientos e invento desobediencias.
Pienso videarlo todo a proyección múltiple en localidades
[donde no saciaré la sed
retorceré la calma pujando el arte.

INANICIÓN / STARVATION

aeffect asocial aphorism

By cause of the placebo effect things constantly get in my eye.
When I air the *huacas* with healthy smoke and I get rid of cancer
that has become one more reason to die in this city that makes you
[wink by force
watching them load the bombards
and activating the explosion of the chemical bomb
There will be no one to save our sorcerers.
Look at them,
there they come strobing like a thousand stars
they are coming to destroy this "neat" hunt
and to build the hole in which they will scream.
The children's graves
are stuck in the mouths of the worlds with no one to silence them.
Hypnopaedic beings all deaf,
here comes a limping mother carrying the corpse
[of her fifty families.
The majority of us cannot help.
The social instinct no longer reproduces. It is a scam!
add up the defects of our generation and yours.

Has my heart become a little piece of fried chicken or a bad section of track?

I think of feelings and invent disobediences.
I think of videotaping everything to multiple projection in locations
[where I will not quench my thirst
I will twist the calm by pushing out art.

La esperanza abandona las ganas, rompe los sobres que la contienen
[y así me hundo
en la maraña de una idea.
A veces apesto a pop music y comienzo a detestarme.
Le doy pleno pase al manifiesto de la verdad
en la oscuridad, el silencio, en la estrella ébano y su extrema negrura
donde se encuentra la verdad.
En la sombra hace frío / está oscuro / no se ve nada / estamos ciegos
no me hagas que te cuente porque esa estrella que guarda la verdad
De mí nacen los niños que tiemblan.
A las madres se les empieza a caer las manos
vivo de espaldas a los astros,
en silencio al lado del trapo húmedo que es mi corazón
[*sin camisa de alas blancas.*
Negro es mi corazón que no quiere vestirse.
solo quiere espantar pájaros muertos que cantan
[porque nadie los oye
cuando late tu ♥

INANICIÓN / STARVATION

Hope abandons desire, it breaks the envelopes that contain it
            [and so I sink myself
in the tangle of an idea.
Sometimes I reek of pop music and I begin to loathe myself.
I yield the floor to the manifesto of truth
in the darkness, the silence, in the ebony star and its extreme blackness
where truth is found.
In the shadow it's cold / it's dark / you can't see anything / we're blind
don't make me tell you because that star that guards the truth
From me are born the children who tremble.
Mothers are starting to lose their hands
I live with my back to the stars,
in silence beside the damp rag that is my heart
         [*without a white-winged shirt.*
Black is my heart, it doesn't want to get dress.
it only wants to scare away dead birds that sing because
           [no one hears them
when your ♥ beats

Cuando el miedo se retrasa se vuelve lugar común la ilusión.
Te pesa la vida, el nudo donde aíslas la espalda. Allí donde el cuadro eterno no te estorba. Cada semana entre el arrastre de los ojos que conserva la sospecha de los niños, y la gente que observa tu maldición en el cuerpo. Los ojos no tienen memoria. Los hombres débiles se cuelgan de una nube, y se aferran más a él sin limitar distancias. Tú te quejas de molestias violentas que necesitas para tu propio beneficio. En las salas donde se desprecia un poco más el cuerpo, despídete del tuyo. Habla como los niños o quédate mudo. Intégranos a todos en el abandono de tu nombre y obtén el arma más grande o el alma que se desmaya entre la guerra y la paz. Dispara.
Siente orgullo sin claudicar nunca. Divídete en virtudes y mézclate con el veneno de las aves.
Un alma.
El mal lucha por un puente más ligero.
Un alma
Harta de ser combate o campo de batalla.
Un alma.
Envidia. Desconfía. Cela.
Comprime los crímenes y sujeta a la bestia que agacha
                                      [la cabeza en sociedad.
Si sufres reconcíliate con la compasión y maltrata la venganza. Justifícate la vida sin salpicar al enemigo tu ira.
Dictador, bello, enfermo, gusano.
Y estas palabras comúnmente escupidas en la pálida cara del hombre decora los gritos: El alma se consumirá en un acto, en un pacto y se entregará en un fax con la palabra: LOCURA.

INANICIÓN / STARVATION

When fear is delayed, illusion becomes commonplace.
Life weighs you down, the knot where you isolate your back. There where the eternal picture does not bother you. Each week between the eye-dragging that preserves the children's suspicion, and the people watching the curse over your body. Eyes have no memory. Weak men hang from a cloud, and cling more closely to him without limiting distances. You complain of violent aches that you need for your own benefit. In rooms where the body is despised a little more, say goodbye to yours. Speak like children do or remain silent. Integrate us all in the abandonment of your name and obtain the biggest gun or a soul that faints between war and peace. Shoot.
Feel the pride without ever giving up. Divide yourself in virtues and mix yourself with the poison of birds.
A soul.
Evil struggles for a lighter bridge.
A soul
Tired of being a combat or a battlefield.
A soul.
Envy. Distrust. Be jealous.
Compress the crimes and restrain the beast that bows
[its head in society.
If you suffer, reconcile yourself with compassion and mistreat revenge.
Justify your life without splashing your wrath on the enemy.
Dictator, beautiful, sick, worm.
And these words commonly spat on the pale face of man decorate the screams: The soul will be consumed in an act, in a covenant, and will be delivered by fax with the word: MADNESS.

Las cosas se corren cuando uno más las flagela, no cuando uno las excreta rápidamente sin dolor. Yo soy la muchacha que le tiene miedo al vértigo, él corre y le tiro las sillas, sé que viene a perturbarme. Ya no me drogo, sucumbo a todo pedido o me masturbo. Escucho: "Eso no te servirá de nada Fiorella, drógate o cágate en un abismo, ya estás destruida. El cuerpo completo, piérdelo". Y mil veces más tomo el mazo, quiebro la perilla, me golpeo contra las puertas. Hago 1 millón de veces el amor en los pisos de los baños sucios. Hago mil veces las peticiones que nunca me atreví, por inbox. Hago 2 mil veces el hotel, las prostitutas, el alcohol, el cigarrillo y la hierba. Hago 1 festival. Dices. Y consumiré todo mi dinero, si es posible le prenderé fuego. Estoy destruida Gio, aquí me carcome la desesperación y lloro 3 veces al día porque nadie dice: "Fiore acá están los papeles que certifican tu seguridad." Si Fiore, Si FIERO, y me gritan. No comprenden que dinero en mis bolsillos ya no hay, entonces me dicen misia y me empujan, y se vienen en mi cara y se vienen adentro y no compran la pastilla. Pero si dices que soy tu vedette, me volveré piedra de las que se tiran con honda desde lejos y le pediré a otro hombre que me lance hacia tí. A mí ya no me duele, ya no sufro por amor. Las termitas se comieron mi corazón hace 2 años, esas termitas que nunca vinieron a Lima a buscarme, a las que no golpeé y besé como premio ¿Por qué rayos nunca aprendí a escupir?

INANICIÓN / STARVATION

Things run away whenever one flogs them the most, not when one excretes them quickly without pain. I am the girl who is afraid of vertigo, it runs and I throw chairs in its way, I know it comes to disturb me. I no longer take drugs, I succumb to every request or I masturbate. I hear: "That won't do you any good Fiorella, go and do drugs or shit off a cliff, you're already destroyed. The whole body, go and lose it". And a thousand times more I take the mallet, I break the doorknob, I bang against the doors. I make love 1 million times on dirty bathroom floors. I do a thousand times the requests I never dared to, in my inbox. I do 2 thousand times the motel, the prostitutes, the alcohol, the cigarettes and the weed. I'll do 1 festival, you say. And I will consume all my money, set it on fire if possible. I am destroyed Gio, here I am eaten up by despair and I cry 3 times a day because nobody says: "Fiore here are the papers that certify your safety." Yes Fiore, Yes FIERCE, and they yell at me. They don't understand that money in my pockets there's no more, so they call me brokeass and they push me, and they come on my face and they come inside and they don't buy the pill. But if you say I'm your hoe, I'll turn into a stone, the type that one slingshots from afar, and I'll ask another man to throw me towards you. It doesn't hurt me anymore, I don't suffer for love anymore. Termites ate my heart 2 years ago, those termites that never came to Lima looking for me, the ones I didn't hit and then kiss as a reward. Why the hell did I never learn to spit?

En este cuartito miserable han abandonado un corazón
el cual todos los transmundanos queremos ver
es una migaja de desvarío, fatiga y saltos mortales
yo condeno a todos los dioses como pobres ignorantes
que no saben crear más mundos a este corazón
él oye hablar a los insectos en mi mente
raspan cuando caminan
celestes y ocultos de los hombres
que hable el cuerpo entonces en cierta medida de lealtad
el cuerpo deshumanizado que mete su cabeza entre las paredes
y busca nueva voluntad
las palabras honran al cuerpo terrestre
las palabras inundan a los decrépitos
las palabras dicen cosas enfermizas sobre la piel de los cuerpos
por eso hay que escuchar a los predicadores de la muerte
porque luego el cuerpo está plenamente sano
se forman ángulos rectos
quizás allí podamos clonar a un corazón que cure enfermos
o dioses que curen un corazón enfermo
furiosamente
con jóvenes virtudes
con delirio de razón
y con divinidad de pecados y dudas.

INANICIÓN / STARVATION

In this miserable little room a heart has been abandoned
that all of us transmundane people want to see
it is a breadcrumb of raving, fatigue and somersaults
I condemn all gods as poor ignoramuses
who don't know how to create more worlds for this heart
it hears the insects speaking in my mind
scratching me when they walk
celestial and hidden from men
let the body then speak in some measure of loyalty
the dehumanized body sticking its head between the walls
seeking for a new will
words honor the earthly body
words flood the decrepit ones
words say sickly things on the skin of bodies
that's why one must listen to the preachers of death
because afterwards the body is fully healed
right angles are forming
perhaps there we can clone a heart to heal sick people
or gods to heal a sick heart
furiously
with young virtues
with delirium of reason
and with divinity of sins and doubts.

BAJA

Cerdos de guerra
en mi avenida favorita, luces de balcones
sin animales que vuelan
ni que corren
vacilones y radiografías
dueños de las ventanas
yo creo en sus corazones sucios como mis pulmones
y mi cuerpo está removido
su mente también BAJA en un óvalo
aquieta al lado de los faros
y mi cerebro y mis pisadas confabulan
se hacen juntas
más suaves que lo imaginario
en una calle reposada.

DESCENDS

War pigs
on my favorite avenue, balcony lights
no flying animals
or running
revelries and x-rays
windowshop owners
I believe in their hearts as dirty as my lungs are
and my body is removed
their mind also DESCENDS in an roundabout
it mollifies beside the headlights
and my brain and my footsteps collude
become together
softer than the imaginary
on a quiet street.

NINJANWJXJDDNKNIXXYNIH2O

Este amor de aerosol que siento
me pone nerviosa pasar por la avenida
ver al lado un huerto que no se llama así
y dejar que crezcan mis contracciones ociosas hasta desmayarme
en la sombra de los árboles
veo mis suspiros a rayas
mis sonoras manos en lo ecuestre
quiero ser un ninja diestro
una naranja que huye de los hombres
pero solo llevo un cuerpo ciego como una escarcha
brillante y peligroso que me trae con el tajo abierto
con las ganas que tuve de requisarle todo al mundo
y morder sus oportunidades
mi venganza final será evitar la locura
una cocina e irme de la vida y no volver.

INANICIÓN / STARVATION

NINJANWJXJDDNKNIXXYNIH2O

This hairspray love I feel
walking down the avenue makes me nervous
seeing next to me an orchard that is not called by that name
letting my idle contractions grow until I pass out
in the shade of trees
I see my sighs in stripes
my sonorous hands in the equestrian
I want to be a dexterous ninja
an orange that flees away from men
but I only bring a body as blind as frost
dazzling and dangerous, carrying me with an open gash
as much as I wanted to confiscate everything from the world
and bite at its opportunities
my final revenge will be to ward off the madness
a kitchen and to leave life and never come back.

EXPLOTION

Presente la crueldad contra la ola de nitroglicerina
en un cuarto de hotel donde pruebo hacer una nueva ventana
juego al partero con mi mano desecha
me desanimo entre copa y vaso de plástico
ajeno y falso
en contraste a mi energía
le chuparon la entrevista a mis ojos
mi pecho salió disparado
impoluto.

EXPLOTION

Cruelty in attendance against the nitroglycerin wave
in a motel room where I'm attempting to carve a new window
playing the midwife with my unraveled hand
I get discouraged between the glass and the plastic cup
estranged and false
in contrast with my energy
they sucked the interview out of my eyes
my chest darted out
unpolluted.

COCA

En vano todo
Hacerle el mismo examen psiquiátrico
a cuestas de su dinero
toxicológico para qué?
si sonríe y es feliz
así se le caigan los dientes
evacue la ciudad si se llena de valor
o el vapor tóxico ya le colmó los pulmones?
combis abajo circulando en vivo y en directo
en el café que como la brasa
se desarma de un mordisco
mis propias arterias y las tuyas
nuestras ramas que limpian esta avenida
el teatro donde loquitos nosotros saltamos el lingo
mentimos vehicularmente
y así nos sentimos a veces
propiamente anti guiados
en pedazos de papel
rotando partes desiguales
así se pastea esta pista
pecho al aire
y diversidad
a veces divido mi ropa
la avenida se vuelca en imágenes que llevo encerradas en orden
se escapan a andar en las veredas
pierdo el control de mi respiración

COKE

All in vain
Give her the same psychiatric examination
at the expense of her money
toxicology test for what?
if she smiles and is happy
even if her teeth fall out
evacuate the city if you pluck up the courage
or has the toxic vapor already filled your lungs?
buses downstairs circulating live and direct
in the coffee cup that like embers
falls apart in one bite
my very own arteries and yours
our willow-boughs cleaning up this avenue
the theater where we went batty jumping the leapfrog
we lie vehicularly
and so we feel at times
properly anti-guided
on pieces of paper
rotating uneven parts
this is how you put this track to graze
barechested
and diversity
sometimes I divide my clothes
the avenue is overturned in images that I carry locked up in order
they run away to roam on the sidewalks
I lose control of my breathing

se dosifican mis lágrimas y el sol confabula este clima de
[deshacerse de uno mismo
las heridas son insectos que jamás salieron de mi pecho
líneas abajo
/ inserta una línea de coca aquí
que tonto el museo de mi pecho
aquel que en el fondo brusco moría seco.

INANICIÓN / STARVATION

my tears are divided in doses and the sun confabulates this climate of
                                                                         [getting rid of oneself
the wounds are insects that have never left my chest
lines below
                                                   / insert a line of coke here
how silly the museum of my chest
the one that in the rough bottom was drying to death.

VER

Escribo poesía para no insultar - para insultar - para matar

Primera parte:

Si caigo sola en una laguna de Shakespeare no habrá quien me corte las alas con unas tijeras puntiagudas no habrá quien intente hacer daño a las hormigas que se alimentan de mi cerebro en horarios consecutivos ni abyecto que nos embriague a todos lento y seguro en una fiesta para luego fusilarnos apenas pisemos la calle o atravesemos la puerta / crucemos la pista y

¡Bang!

La crítica de tu vida como si estuviera trazada la línea por donde hay que caminar como hormigas de mi mente siguen todos los días

¡Si pierdes el camino te vas de la casa!
Y un silencio evocador exulta la conciencia de c/u de nosotros

Ya no se puede morir o dejar de vivir una vida de muerte
[sin llegar al paroxismo
o gozar una bienvenida al hospital de los moribundos de Park Lane
[y orar!

Orar en las lluvias grisáceas de una carnicería acercarme a un grupo de locos y escupir dentro de la vasija donde el minotauro se dejó caer al no encontrar la salida del laberinto

I write poetry so as not to insult - to insult - to kill

First part:

If I fall alone into a Shakespeare's lacuna there will be no one to clip my wings with sharp scissors there will be no one to try and hurt the ants feeding off my brain in consecutive hours nor a reprobate who would get us all drunk slowly and surely at a party in order to shoot us down as soon as we step out onto the street or go through the door / go across the street and

Bang!

The critique of your life as if there was a line drawn along which you have to walk like the ants in my mind keep on going every day

If you lose your way you're out of the house!
And an evocative silence exults the conscience in each one of us

It is no longer possible to die or to stop living a life of death
            [without reaching paroxysm
or to enjoy a welcome to the Park Lane hospital for the dying
                [and pray!

Praying in the grayish rains of a butcher's shop approaching a group of madmen and spitting inside the jar where the minotaur let himself fall when he could not find the way out of the labyrinth

y que en ese momento esté presente quien me compuso la canción de la carabina, la que me cantaban de niña para dormir y haga el favor de pintar de neones los taxis que llevarán las flores para mi sepelio.

Segunda parte:

Gato-cajita musical de autotortura muerde como demonio en el dolor y el miedo tragado por un clavel en una paz que solo conoce el combustible la tabulación superficial de mis labios en esta carretera invoca a los imperios bajo la solidaridad que destruye los árboles de Lima con "La Niebla" de King para aceptar que he obrado mal en este estado conservador y escribo poesía para no insultar - no fusilar - perdonar a quien nos embriago en invierno y nos disparó en la calle aledaña.

Estoy aquí para los horrores inimaginables no para aniquilarlos sino para que me consuman y a la fuerza acomodarme a la guerra de los hombres donde hundimos el hocico cruzando la barbarie regresemos por el tubo y sumémonos al coraje / alimentémonos de nosotros mismos hombres que temen al ser desconocido.

Tercera parte:

Madre esta misiva es para ti,
destruye de una vez el equilibrio de las galaxias que sostienes
porque estas líneas son las fundaciones de un designio:

Sé que no patino en la decadencia adecuada
Porque no me puedo sujetar del ruido que haces

and that whoever wrote me the carbine song be present at that moment, the one they used to sing me as a child to go to sleep and be so kind to paint in neons the taxis that will carry flowers for my burial.

Second part:

Music box-cat of self-torture biting like a demon in pain and fear swallowed by a carnation in a peace that only knows of the fuel the shallow tabulation of my lips on this highway invoking the empires under a solidarity that destroys the trees of Lima with King's "The Mist" so as to accept that I have done wrong in this conservative state and I write poetry so as not to insult – not to shoot – to forgive whoever got us drunk in the winter and shot us in the adjoining street.

I am here for the unimaginable horrors not to annihilate them but to be consumed by them and by force accommodate myself to the war of men where we plunge our snout going across the savagery let's go back through the tube and join into the courage / let's feed off our very selves men who are afraid of the unknown being.

Third part:

Mother this missive is for you,
destroy at once the equilibrium of galaxies you sustain
for these lines are the foundations of a design:

I know I do not slither in adequate decadence
Because I can't hold on to the noise you make

Odias mi improvisación y quieres uniformarme
[con papel y firmas
Pero no voy a facilitarme el placer y ya he elegido mi utopía
No me señalarán en el frenesí como un clásico
No me vestiré-mística de color caqui
No chillaré-bruja en tono triunfal.

Madre,
escribo poesía para NO MORIR
y si finalmente caigo en la laguna de Shakespeare espero que estés allí para que por fin YO MUERA y le des uso a tus tijeras puntiagudas y con ellas cortes mis alas y mi cerebro y de una vez desalojes de tu vivienda a las tontas hormigas que me dictaron esta carta y me dijeron que te llame para que me vuelvas a disparar.

POWER

You hate my improvisation and want to kit me out
                              [in paper and signatures
But I won't facilitate my pleasure and I've already chosen my utopia
I won't be singled out in the frenzy as a classic
I won't dress-mystical in khaki
I will not squeal-witch in triumphant tones.

Mother,
I write poetry so as NOT TO DIE
and if I finally fall into Shakespeare's lacuna I hope you will be there so that I DIE at last and you make use of your pointed scissors and with them cut my wings and my brain and evict at once from your abode the silly ants that dictated this letter to me and told me to call you so you can shoot me again.

Mamita contó cuando 4 militares atentaron contra ella y su hijo

Salió de la esquina después de haberme hecho lo innombrable
me dijo,
llena tu porongo de agua y lávate con jabón,
luego de haber teñido de sangre la sala,
que era la cocina, el comedor y la habitación
luego de sendos intentos de decirle a mi hijo:
comete tu mano
comete tu nariz
comete tu oreja
con estas partes expropiadas
luego de todo eso en mi idioma
ese que él no entendió ni entenderá
después de 3 décadas de diseñarme los sueños
para intentar olvidar,
fueron 4 militares con armas cargadas
fueron y son
hasta hoy, cuando defiendo el agua
son y serán
en las calles del Centro de Lima
levanto un puño, apenas llego al metro 60 cuando hago esto
me siento un pedacito de mundo
soy un pedacito de esta legión
que grita
JUSTICIA Y REPARACIÓN

POWER

Mamita told the story of when 4 soldiers assaulted her and her son

He came out of the corner after having done the unspeakable to me
he said to me,
fill your gourd with water and wash yourself with soap,
after having stained the living room with blood,
which was the kitchen, the dining room and the bedroom
after several attempts to tell my son:
eat your hand
eat your nose
eat your ear
with these expropriated parts
after all of that in my language
the one he didn't understand and won't understand
after 3 decades of designing my dreams
to try and forget,
they were 4 soldiers with loaded guns
they were and they are
to this very day, when I defend the water
they are and will be
in the streets of Downtown Lima
I raise a fist, barely reaching five foot 2 when I do this
feeling like a little piece of the world
I am a little piece of this legion
that shouts
JUSTICE AND REPARATIONS

pero también soy un cardumen, que forma otro cardumen
de seres libres que nadan,
llenos de coraje
somos el mar,
tragándose el cielo y el silencio
somos el pasado y la memoria de los nuevos
somos humanos y vida
y lucha y huesos y trabajo diario de ambulante
somos lucha con los cascos azules
y seremos lágrimas llenas de paz en un país donde ya lo perdimos todo.

but I am also a school of fish, forming another school of fish
of free beings who swim,
full of courage
we are the sea,
swallowing the sky and the silence
we are the past and the memory of the new
we are humans and life
and struggle and bones and the daily work of a street vendor
we are battle with the blue helmets
and will be peace-filled tears in a country where we've already lost it all.

Policía Nacional del Perú le tira explosivos a los que no queremos que liberen al expresidente

Llamémosle EX-GENOCIDA
Si otro presidente saca de la cárcel con un papel
                              [a un expresidente
no se llama indulto, se le llama BURLA,
y en eso salimos de negro y vinagre y capucha a la espalda
varias generaciones caceroleando nuestros puños en alto
inventando canciones que son estrellas
vayamos a la casa del burlón a que nos dé una explicación
hemos luchado varias veces en conjunto por un encarcelamiento justo
pero las instituciones de ahora callan todo con agua helada,
                              [bombas y disparos
SubOficial G. Mendoza encapuchado, lista la bomba y listo el casco,
también el escudo, es importante para tapar las mentiras
porque así no vive en su casa, porque sus hijos,
                              [porque sus hijas
no preguntan: papá cuántas mujeres golpeaste hoy,
                              [cuántos periodistas,
a cuántos fotógrafos les rompiste el lente y los ojos
pero qué infancia tan orgullosa,
NO
Eso no pasa en el mundo,
entonces seamos aves góticas y ruidosas en las calles
con quenas en la boca, con sikuris en el alma
y atémonos las zapatillas para patear lacrimógenas
este mundo ya no es un meme,
la pista se ha hecho también para guerrear así, a favor de todes.

POWER

Peru National Police throws explosives at those who do not want the ex-president to be released

Let's call him EX-GENOCIDAL
If another president gets an ex-president out of jail
                              [with a piece of paper,
it is not called a pardon, it is called a MOCKERY,
meanwhile we go out in black and vinegar and hoods on our backs
several generations casseroling our fists up high
making up songs which are stars
let's go to the house of the mocker so he'd give us an explanation
we have fought several times collectively for a rightful imprisonment
but today's institutions silence everything with cold water,
                              [bombs and gunshots
NCO G. Mendoza hooded, bomb ready and helmet ready,
the shield as well, it is important for covering up the lies
because he does not live in his house this way, because his sons,
                              [because his daughters
do not ask: dad, how many women have you beaten today,
                              [how many journalists,
how many photographers have you broken the lens and the eyes of
yet such a proud childhood,
NO
That does not happen in the world,
so let's become raucous, gothic birds in the streets
with quenas in our mouths, with sikuris in our souls
and let's lace up our sneakers to kick tear gas canisters
this world is no longer a meme,
the road has also been made for warring like this, for the benefit of all.

CONTRA LA POLICÍA DEL PRESENTE

En el colegio me dijeron: El mundo es tu lienzo
me lo creí
entonces
encerré en mi mente las ideas extrañas
para pintar algo nuevo
pero
hablé de infelicidad con las sombras que proyectan en mi
las calles de Barrios Altos en verano
pasé por el colegio que abandoné en el 2004
la nostalgia está ausente
y suena raro escuchar la voz de un ex boxeador
                                        [que siempre estaba en la calle
gritando: allí va el futuro de la policía del Perú en el 2002
luego de haber corrido varios años
las maratones para no ser golpeada en el 2017
para llegar a las instituciones a repartir coraje
y el coraje es una vacilación que siento encerrada en mi habitación
la vida ha cambiado
y me contagian el miedo ciertas personas en mi barrio
porque soy clase baja en el 2020
y soy la sociedad tratada como enferma
soy parte del grupo culpable de muchas muertes en pandemia
y soy el cono que se libró
del asesinato de 13 personas en una discoteca
porque no aguantaban más esta realidad
y usando drogas escaparon de ella

AGAINST THE PRESENT POLICE

In school I was told: The world is your canvas
I believed it
back then
I locked up the strange ideas in my mind
to paint something new
but
I spoke of unhappiness with the shadows that the streets
of Barrios Altos in the summer project in me
I went by the school I dropped out of in 2004
nostalgia is absent
and it sounds weird to hear the voice of a former boxer
                                        [who was always in the street
shouting: here goes the future of Peruvian police in 2002
after having run marathons for several years
to avoid getting beaten up in 2017
to reach out to the institutions and distribute courage
and courage is a hesitation that I feel locked up in my room
life has changed
and certain people in my neighborhood infect me with fear
because I'm lower class in 2020
and I'm society being treated like a disease
I'm part of the group responsible for many pandemic deaths
and I'm the district that was spared
of the murder of 13 people in a discotheque
because they couldn't stand this reality anymore
and they escaped from it by using drugs

¿Entonces ya puedo irme de esta injusticia?
¿Les cortaron la impunidad a esos tombos?
¿Podré acelerarme ante cualquier golpe de poder?
Soy un golpe en la pared
un puño lleno de furia
por la respuesta a estas preguntas
y la respuesta es NO.

POWER

So, can I leave this injustice now?
Did they cut off the impunity of those cops?
Will I be able to speed myself up facing any power move?
I'm a punch in the wall
a fist full of fury
for the answer to these questions
and the answer is NO.

LET ME

¿Cuantos OJOS eres tú?
inexistente
cadena de país toda música
tú en modalidad premium
conceptual y débil
ignorante del miedo
que haga que me lance sobre ti
río
sin puente en rocas para realizarme villa muerte
y en ese vacío viva
que al final es lo mismo

LET ME

How many EYES are you?
nonexistent
country chain all music
you in premium mode
conceptual and weak
ignorant of the fear
that'd make me throw myself at you
river
without a bridge onto rocks to fulfill myself death village
and in that void alive
which in the end is the same

ANTI ANTI

No me siento inspirada
me siento molesta,
1 frustración gira como 1 satélite
y yo soy el planeta en el que oscila
dicen los meteorólogos
estoy aburrida con todo
el mar me aturde porque es gris
el cielo está caliente a diario y no arroja luz
la luz no me hace sentir feliz
no me apetece seguir tutoriales de youtube
que me dicen que la piel necesita efecto fotón
estas no son caricias del sol, son ataques
estoy en mi cuarto y no es mi zona de confort
porque igual escroleo el cel y leo noticias de muerte
de gente que tomo 1 arma y le disparó a alguien
se narra fácil
se describe casi solo
parece 1 epidemia
como en alguna película las plantas quisieron tomar
                            [venganza sobre nosotros
a través de su belleza
y el aire
podemos decir que hemos nacido?
ya no sé que soy
cada generación por la que paso me hace dudar de mi esencia
si 1 perfumista toma de mi ahora 1 olor no sale nada

ANTI ANTI

I don't feel inspired
I feel annoyed,
1 frustration spinning like 1 satellite
and I'm the planet it oscillates on
say the meteorologists
I'm bored with everything
the sea stuns me because it's gray
the sky is hot every day and it sheds no light
light does not make me feel happy
I don't feel like following youtube tutorials
that tell me that the skin needs photon effect
these are not caresses of the sun, they are attacks
I'm in my room and it's not my comfort zone
because I still scroll on the phone and read news of death
of people who took 1 gun and shot somebody
easy to narrate
it almost tells itself
seems like 1 epidemic
like in some movie the plants wanted to take
                                        [revenge on us
through their beauty
and the air
can we say that we were born?
I no longer know what I am
each generation I go through makes me doubt my own essence
if 1 perfumer takes 1 scent from me now nothing comes out

si tuviera que hacer 1 video corto algo gracioso para alguna app
mezclaría ingredientes sin color para hacerme a mí
en este planeta que sobrevive a arcadas de sus habitantes
me hago ANTI todo, pero hasta de eso dudo
porque no puedo ser ANTI ANTI,
ya que 2 negativos unidos generan algo positivo
o soy 1 doble negación de la música, de las ideas
o soy 1 duda andante por 40 cuadras de la Arequipa
[1 tarde
no de verano, sino de invierno
sin base en el rostro, sin filtros en las emociones.

POWER

if I had to make 1 short video something funny for some app
I would mix colorless ingredients to make myself
on this planet that survives the nausea of its inhabitants
I become ANTI everything, but even that I doubt
because I cannot be ANTI ANTI,
since the union of 2 negatives generates something positive
I'm either 1 double negation of music, of ideas
or I'm 1 wandering doubt along 40 blocks of Arequipa Avenue
                                                [1 afternoon
not in the summer, but in the winter
no foundation on my face, no filters on my emotions.

Las tipas duras escriben poesía

Amados padres, me he lavado los dientes 12 horas seguidas.
Me he lijado con el jabón Palmolive y me he cortado las uñas
para que la lucidez vuelva a mí y utilice mi cuerpo para el bien
[y no para escribir
poemas que son el tedio de los sismos recurrentes en casa.
Quisiera que esto funcionara, pero las grandes novelas no nacieron así,
ni en compañía de alguien,
ni con la inspiración blanca más memorable
[de la historia de los baños,
NO
El equilibrio natural de mi cotidiano no es una visión.
Las interrogantes son los personajes enormes de mi cuento
y el frío del hogar en esta noche terrible quiere dejar de ser hogar.
Llorar en una carta con olor a ron o darme cuenta
que la cama es la misma página del verano pasado
que despierta de un sueño recurrente a 30 metros del suelo.
El dolor pierde partes de sí mismo cuando los abrazo.

Pero ahora quiero dejar el mismo puente y una carta
donde se rompe la pluma y me quedo en la misma página
[del verano pasado
Quiero dejar el pan escabroso de mi vientre en la mesa
que se revuelva mi bomba de agua al pie del suelo
que los arcos oscuros trunquen mis esquinas
y se rían de mí.

La temprana noche se pela en una calle principal
y mi destino de pandilla se revuelve como un show.

Tough broads write poetry

Beloved parents, I have brushed my teeth for 12 hours straight.
I have sanded my skin with Palmolive soap and I have cut my nails
so that lucidity returns to me and I use my body for good
                                                [and not for writing
poems that are the tedium of recurring earthquakes at home.
I wish this would work, but great novels were not born that way,
not in the company of someone,
not with the most memorable white inspiration
                                                 [in the history of bathrooms,
NO
The natural equilibrium of my everyday is not a vision.
The questions are the enormous characters of my tale
and the cold of home in this terrible night wants to stop being a home.
To cry on a rum-scented letter or to realize
that the bed is the same page from last summer
that awakens from a recurring dream 100 feet off the ground.
The pain loses parts of itself when I embrace them.

But now I want to leave the same bridge and a letter
where the pen breaks and I stay on the same page
                                               [from last summer
I want to leave the lurid bread of my belly on the table
let my water pump stir at the foot of the floor
let the dark arches truncate my corners
and laugh at me.

The early night peels into a main street
And my gangland fate is stirring like a show.

Existe una ciudad a presión, como una olla. La soledad allí se vuelve una BRUJA que destruye todo lo equilibrado. Esa BRUJA se viste de peces y le prende fuego a una potencia de espiritualidad que saquea las tumbas del capitalismo. ¿Quién podría negar que a veces se niega lo que ocurre? La BRUJA se acerca a espantar a las parejitas mainstream en el malecón. Chiquillas aseguran miradas, les brillan los OJOS y oyen un hombre expulsando por la boca románticos gallos, en ocasiones de 3 minutos. Con ese compás desatienden erecciones y abandonan conversaciones en ventanas emergentes de móvil.

En la ciudad a presión la corriente es helada y se instala en hoteles. Donde otros seres te cogen la espalda para que no se extiendan tus alas. Y enjuagas tus manos con sudor ajeno en avenidas principales para escribir luego con ellas de manera involuntaria. Los procesos químicos te duran 6 meses de somnolencia y ni así se te quita la maldición. En esta ciudad a presión se busca mover unas cuantas dosis porque las canciones tristes ya no rotan en el seno-himenóptero. Ya no afectan a los suicidas incapaces, esos que nunca pueden morir, y viven en interminable luto. En esta ciudad a presión, se llenan los manicomios mentales, espacios de in-pensamientos nucleares.

Y estas palabras no se piensan, se vacían en la mudez para joder oídos, para convencerte de enfermar un arma.

POWER

There is a city under pressure, like a pot. Loneliness there becomes a WITCH that destroys everything that is balanced. That WITCH dresses in fish and sets fire to a power of spirituality that plunders the tombs of capitalism. Who could deny that sometimes what happens is denied? The WITCH approaches to frighten the mainstream couples on the boardwalk. Young girls secure glances, their EYES shine and they hear a man expelling from his mouth romantic false notes, at 3-minute intervals. With that rhythm they disregard erections and abandon conversations in mobile pop-up windows.

In the city under pressure there's a freezing current settling in the motels. Where other beings hold your back so your wings don't spread. And you rinse your hands with other people's sweat in main avenues and then use them to write in an involuntary fashion. The chemical processes last you 6 months of somnolence and not even then is the curse removed. In this city under pressure one seeks to move a few doses because sad songs no longer rotate in the sinus-hymenoptera. They no longer affect the incapable suicides, those who can never die, and live in endless mourning. In this city under pressure, the mental asylums fill up, spaces of nuclear in-thoughts.

And one doesn't think about these words, they are dumped into the muteness to fuck up ears, to convince you to make a weapon feel sick.

DISPARA

A todo recurso que el sistema te impone
envuélvelo en necesidad
y a toda amenaza
disparale
ponte un disfraz que al dormir
se transforme en tu corazón
frágil e impune ese órgano
ese órgano es una tabla de madera.

SHOOT

To every resource that the system imposes on you
wrap it in need
and any threat
shoot at it
put on a disguise that when you sleep
becomes your heart
that fragile, unpunished organ
that organ is a wooden board.

YO X 13254896478212523 5145645

Baby arde el fuego en el Juego de pintar uñas
uñas desconocidas
pequeñas
y encordonarse en una piscina
bailar en el agua
llena de cadenas
no atrancar puertas
no detener
no contemplar lo dulce
no la guerra
no a jesús
solo caricias más bien
de las que despiertan al mediodía
sin edición
tu no podrías ser yo
no soportarías tus pies sin rosar la tierra
sin poder oler el jardín
humedecer una cavidad baja
la austeridad de este cielo
escarchado de mentiras
que se aplasta con las nubes
ellas no son ellas
la red recorta nuevos t-shirts
para los invitados del bacanal pop
lleno de celulares
mi lugar en ti se estira

ME X 13254896478212525235145645

Baby the fire burns in the Game of painting nails
unknown nails
small
tying yourself up in a pool
dancing in the water
full of chains
not barring doors
not stopping
not contemplating what's sweet
no to war
no to jesus
rather just caresses
the kind that awakens at noon
unedited
you couldn't be me
you couldn't bear your feet not grazing the earth
not being able to smell the garden
to moisten a low cavity
the austerity of this heaven
frosted with lies
crushing against the clouds
they are not themselves
the web cuts new t-shirts
for the guests at the pop bacchanal
full of cell phones
my place in you stretches

al unirnos nos parecemos
la mente directa e indirectamente proporcional
borra tu silueta para evitar tocarte
mira tu puedes borrarme
duplicación del cua-drogo-no
donde está nuestro error?
estoy confundido colorete
yo me desenamoro de las expiraciones
si barco ofrezco
al que viene del infierno y vuelve
hice cosas
luego de haberlas pensado
doble pecado
cosas que imagino
mi enamoramiento efímero
en el lavamanos de todas mis zonas erógenas
sin control
una vez más ahora su color
que marque acaso 1 estilo
o una autenticidad
ejemplo fantasma
por así decirlo
algo que solo roza y no evoca
pelo uña
diente
cera
y toro
eso sentimos encima de los demás

POWER

as we come together we resemble each other
the mind directly and indirectly proportional
delete your silhouette to avoid touching yourself
look you can delete me
duplication of the qua-drug-on
where is our error?
I'm confused rouge blush
I fall out of love with expirations
if a boat I offer
to the one who comes from hell and returns
I did things
after having thought about them
double sin
things I imagine
my fleeting infatuation
in the washbasin of all my erogenous zones
with no control
once again now with a color
that marks perhaps 1 style
or an authenticity
ghostly example
so to speak
something that only scrapes and does not evoke
hair nail
tooth
wax
and bull
that's how we feel above the others

los hitos
una mujer mayor
hecha un brujo
te azota limpio
sobre el grass
mezcla el verde y los escarlatas
es lo que busco para mi pintura
novísima obra de arte hecha con mis ansias en la espalda
he perdido el control remoto
tengo ansiedad de venta de casa
en zona clandestina.

POWER

the milestones
an elderly woman
turned warlock
whips you clean
over the grass
mixture of green and scarlets
just what I'm looking for my paintings
brand-new work of art made with my angst upon my back
I've lost the remote control
I've got the anxiety of an open house
in a clandestine zone.

ANSIEDAD

Tengo el iris que revela la muerte
bajo 1 taxi
con 1 chófer maniquí
sin ningún testigo
en diciembre todo cambia y sigo viva
junto a 1 grupo de hermanas
hermoso ramo bañado en grass,
marcho,
busco respuestas en las autopistas
busco chupar estos mandos de dulzura
las que te llevan a un juego interminable
mandos como mangos fuera de la taza
sobre la mesa,
en la habitación a la cual me invitaste
soy 1 bicha duradera.

ANXIETY

I have the death-revealing iris
descend 1 taxi
with 1 dummy driver
without any witness
in December everything changes and I'm still alive
together with 1 group of sisters
beautiful bouquet bathed in grass,
marching,
looking for answers on the highways
looking to suck these joysticks of sweetness
the ones that take you to a never ending game
knobs like handles outside the cup
over the table,
in the bedroom where you invited me
being 1 resilient bish.

MURDER

Sale lingo a 1 demonio o saltan 2 de derecha a izquierda en mi
habitación sobre la cama
trato de encontrar hogar en animales pequeños
es mucho más frágil soñar con el cabello suelto
hablar de azúcar
no por ajuste reinsertivo social
sino por las ganas de encarar un sistema grueso
de cartón
he apuñalado mis ideas para mi madre
porque no me da más que un hombre insecto de padre
en una burbuja de lavasa de ariel
no me da la gana encerrarme en su burbuja
como archivo cercenado
como salvado a la mañana tonta
la que se ha vuelto mis deberes
no tengo donde apuntar
entonces lavo mis manos como símbolo de purificación
tengo una idea
apuñalarla mientras rezo por
la multiplicación del pan
por el resto de los besos
por la ola frente a los niños
y los minutos limeños escribiendo.

MURDER

Leapfrog goes as 1 demon or 2 jump from right to left in my
room over the bed
I try to find a home in small animals
it's much more fragile to dream with my hair loose
to talk about sugar
not due to a social reinsertion adjustment
but out of the desire to confront a thick system
made of cardboard
I have stabbed my ideas on behalf of my mother
because she gives me no more than an insect man for a father
in a bubble of laundry detergent suds
I don't want to lock myself inside her bubble
like a severed file
like wheat bran in the silly morning
the one that has become my homework
I have nowhere to aim
so I wash my hands as a symbol of purification
I have an idea
stab her while I pray for
the multiplication of bread
the remaining kisses
the wave facing the children
and the minutes in Lima writing.

LUCI-ON-DESI

Pierdo la noción del amor
si te involucras te desilusionan
o te secan los átomos
desde la piel hasta la vulnerabilidad
ante días de vuelo
intenso y lento
sin rumbo de fruta
corrupta hasta la médula
y de vitamina amarga
estamos en un acueducto cerrado
se segregó de mis uñas viejas
porque no me entrevero escapista
en estos sueños plenos
así avanzo 2 módulos más en la u
mi mochila llena huele feo
a medio-Kridad, huelga y tumba de días en que nos quemamos solos
a sed en casa
acá en el medio los colores se rasgan
se vuelven bestias en su propio paradero vacío de rutas interrumpidas
en consecuentes ausencias.

LUCI-ON-DESI

I lose the notion of love
if you get involved you get disillusioned
or they dry your atoms
from skin to vulnerability
facing days of flight
intense and slow
no fruit-like course
corrupted to the core
and of bitter vitamin
we are in a closed aqueduct
segregated from my old nails
because I don't profess to be an escapist
in these dreams of plenitude
so I advance 2 more modules in the U
my full backpack smells ugly
like medium-Krity, strike and grave of days in which we burn alone
thirsty at home
here in the middle the colors are torn
become beasts in their own empty bus station of routes interrupted in
consequent absences.

ANNA VARNEY

Yo siendo excesiva y solitaria con un arma en la mano
Tú con un paraguas evitando las balas que caen, yo las tiro.
Anna Varney estaría orgullosa de mi> licántropo y vampiro
[en los bares fichos
inyectando vistas sobre las alfombras viejas donde la sangre ya se secó.
Cuatro días es un hecho mental,
y esta es una canción para transformar los gritos de las camas
AUXILIO
no puedo moverme,
me sostienen los audios cortos
ME DECLARO UNA
malvestida
tatuada que se comporta mal
la que dilata en el absurdo instante en que las nubes se quiebran
Cojo piedras del camino para encontrar la revolución
lo absurdo me persigue como una sombra
como si se desatara un burro en un descampado
se va corriendo, se lo come el sol
y la realidad virtual no dura tanto como este sueño,
no más que un libro en un templo de chamanes
y así curaré mis heridas, bordando formas orgánicas en mi pecho.

ANNA VARNEY

Me being excessive and lonely with a gun in my hand.
You with an umbrella dodging falling bullets, I shoot them.
Anna Varney would be proud of me> lycanthrope and vampire
                                    [in the bougie bars
injecting glares into old carpets where the blood's already dried.
Four days is a mental fact,
and this is a song to transform the screams of the beds
HELP
I cannot move,
the short audios sustain me
I DECLARE TO BE A
poorly-dressed
tattooed-one who behaves badly
the one who idles away in the absurd instant when the clouds break
I pick stones from the road to find the revolution
the absurd chases me like a shadow
as if a donkey were unleashed in a wasteland
it goes off running, it's eaten by the sun
and virtual reality doesn't last as long as this dream,
no more than a book in a temple of shamans
so I'll heal my wounds thus, embroidering organic forms on my chest.

MAQUINA DEL TIEMPO

yo que he sido cuarta maraña en el pongo
y zincada tropicalizada en el clítoris

azucena herrante
azucena marchita
que causa irrisión

yo que me he encontrado sola en el pasacalle
conmigo misma
que doy de comer mis pies a las tarántulas

azucena deprimida
azucena dolicocéfala
que roba pétalos

hinca mis rodillas para ver mejor tu látigo solar
yo que solo bebo la intemperie de este delito
me someto roja
yo que no fundo ciudades ni amanezco imperios
dejo el aplomo
y de patas fuertes-hocico denso
hago esta construcción que cuelga
de rocosos padres plantados en el agua
para defendernos de los eriales sátrapas morlocks
estamos en el 802.701 sin saberlo

TIME MACHINE

I who have been a fourth-rate tangle in the gorge
and zinc plated tropicalized in the clitoris

wandeirong lily
withered lily
that causes derision

I who have found myself alone on the cavalcade
alone with myself
who feed my own feet to the tarantulas

depressed lily
dolichocephalous lily
that steals petals

sink my knees to better see your solar whip
I who only drink the barrenness of this crime
I submit myself red
I who do not found cities or make empires dawn
I leave behind my poise
and with strong legs-dense snout
I build this dangling construction
out of rocky parents planted in the water
to defend ourselves from the arid morlock satraps
we are in the 802.701 without knowing it

y no hay fruta que sane o seno del cual beber y renacer
hay que abandonar la genuflexión
machacando el axioma
el que se enfrenta no se salva y ya no puedo recordar nada
porque aquí no se puede mirar atrás.

POWER

and there's no fruit to heal or breast to drink from and be reborn
we must abandon genuflection
hammering away at the axiom
he who confronts is not saved and I can no longer remember anything
because here you cannot look back.

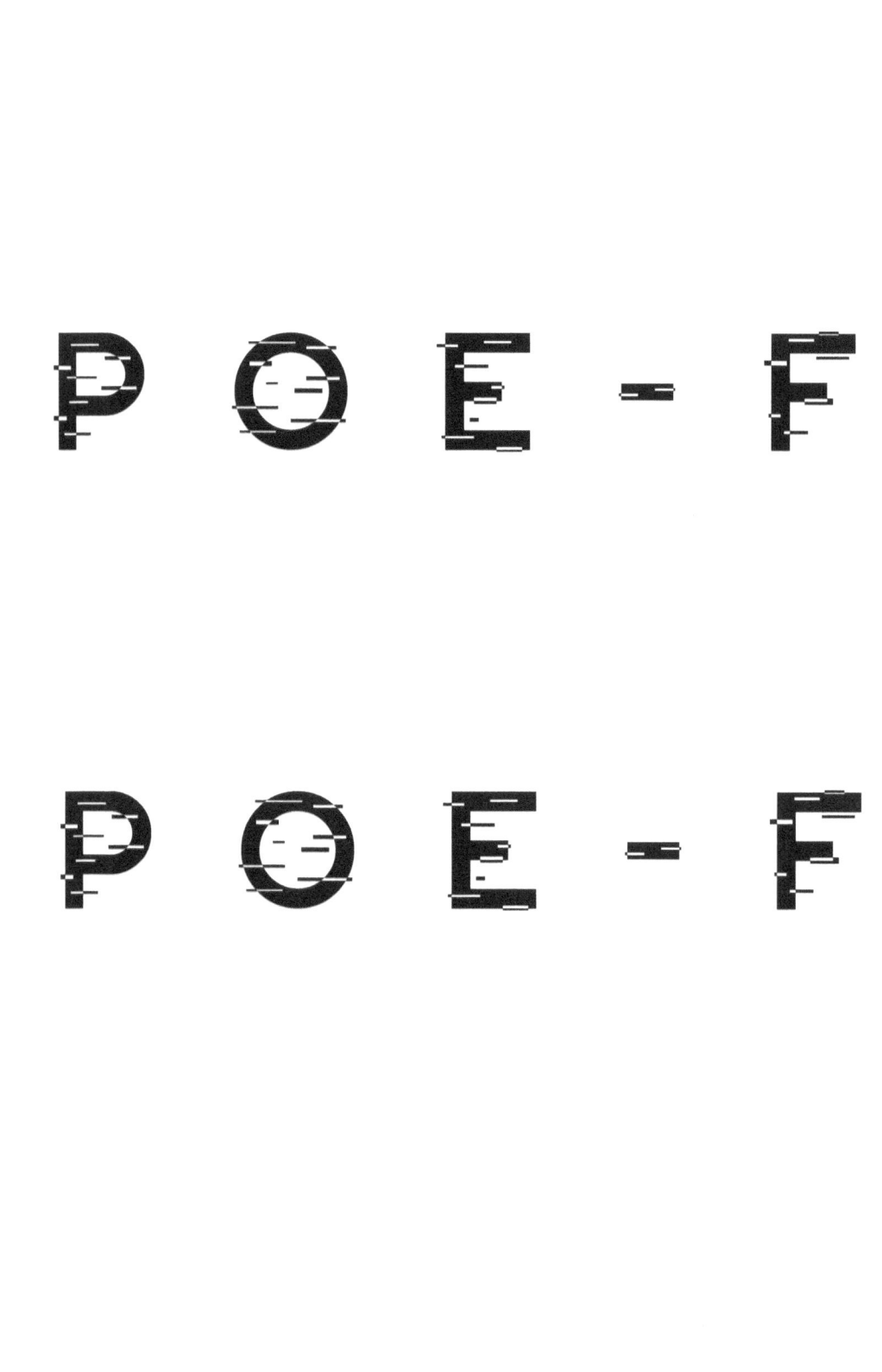

UTURO

UTURE

LOS POETAS SE MUEREN

Los poetas caen de los techos encima de nosotros
son pepitas solares sin valor nominal
los recogemos del piso
los pegamos en las laptops
como oficinistas que somos
frustrando nuestra pulcra honra.

Los poetas no existen cuentan 5 tesis en idiomas diferentes
con fórmulas matemáticas sin sentido
existen los poemas, la poesía
arrinconando mentes
sacando pétalos a las flores
pensando ¿le robo un beso o no?
los poetas son las placas madres de una pc defectuosa
en una vida similar a un instituto tecnológico
a un guiño
perdoname amigo
solo quiero estar sedienta
para cuando llegue el maremoto
si este se lleva las canchas de fútbol
no me importará
que sea la escena del crimen
una temporada sublime de black mirror

y que sea violento en un videoclip de fondo donde 1 queer produce
escrituras

POETS ARE DYING

Poets are falling from the roofs on top of us
they are solar nuggets with no par value
we pick them up from the floor
we stick them on our laptops
like the office workers we are
frustrating our spotless honor.

Poets do not exist they count 5 theses in different languages
with nonsensical mathematical formulas
poems do exist, poetry
cornering minds
pulling petals from flowers
thinking, should I steal a kiss or not?
poets are the motherboards of a defective pc
in a life similar to a technological institute
to a wink
forgive me friend
I just want to be thirsty
when the tidal wave comes
if it takes away the soccer fields
I won't mind
if it's the scene of a crime
a sublime season of black mirror

and let it be violent in a background video clip where 1 queer produces scriptures

sujeta un poema inmenso, lo lee colgado de un camión para el público respetable
pero cambia todo, la presidencia, los votantes, cambiamos de símbolos cada 6 meses

este es un hilo de twits
para ver quienes me siguen.

POE-FUTURO / POE-FUTURE

holding an immense poem, reads it hanging from a truck for the respectable audience
but everything changes, the presidency, the voters, we change symbols every 6 months

this is a twitter thread
to see who follows me.

TÚ

Cargo mi inmoralidad con 1 soga

porque la red no es suficiente para atar bien mi cabeza
                               él es en todas las voces
el centro asociado me insertó rebeldía
las compañeras me escocieron la zurda
                               mi tímpano se calló
la música me afectó la oreja

busco salidas y en mi periplo
                               el planeta tierra es de todos los asuntos

impulso de mí / que corre
avenida ciudad
te obligo a sonreír
hinchando el ceño
                               le grabo mi piel a tu nombre.

YOU

I carry my immorality on 1 rope

because the web is not enough to properly bind my head
                                            he is in all the voices
the associated center instilled me with rebelry
the comrades made my left hand sting
                              my eardrum fell silent
the music affected my ear

I look for exits and in my wanderings
                                      the planet earth is of all matters

impulse of me / running
avenue city
I force you to smile
puffing up my brow
                        I engrave my skin to your name.

Juanito Alimaña Millenial

Obviados en una húmeda calle
apretados contra un casillero
se ven vigilancias ocultas en cada párpado que sostienen sus ojos
sus lamentos son las lágrimas que caen como gotitas de su verga
ese líquido mutila una señal del mundo en desorden.

En el reggaeton party se volvió sonido pequeño
se volvió un salud con beso en el cuello
es un joven que comete crímenes que parecen tan suaves
y en su piel vulgar y vulnerable
el lamento agarra color y sabor como los 3 vientres que se abrieron
para él la otra noche
resalta paradigmas en tabernas o cualquier hotel envuelto en tela
muerde todas las danzas con su pelo morado
y su puerquicidad tan nítida
el aparenta canción y confusión en heridas ajenas.

Coro: Enciendan las playas, prendan los ceniceros
en una vendimia pa cortarnos el cuerpo.

POE-FUTURO / POE-FUTURE

Millennial Johnny Scoundrel

Overlooked on a damp street
pressed up against a locker
you can see the hidden vigilance that his eyes hold
his lamentations are the tears that fall like droplets from his cock
the liquid that mutilates a sign of the world in disorder.

At the reggaeton party he became a small-scale sound
he became a bottoms up with a kiss on the neck
he's a young man who commits crimes that seem to be so gentle
and in his vulgar, vulnerable skin
the lamentation takes on color and flavor like the 3 wombs that
opened up for him the night before
he highlights paradigms in taverns or any motel wrapped in cloth
he bites all the dances with his purple hair
and his crystal clear nastiness
he feigns confusion and song in other people's wounds.

Chorus: Light up the beaches, turn up the ashtrays
In a wine harvest to slice up our bodies.

COSAS QUE SOY

Soy un andamio en el llanto de una niña
nunca me paro de la forma correcta
oigo rap en lugares donde se defienden las causas justas
y mi decoración es un trabajo
soy el pedazo de órgano que le sobró a la tierra
1 bomba de sangre alrededor de 1 fogata
nunca quise escribir triste
solo balear el río de preguntas
que están llanas y no perecen en mi cabeza incompleta
reflejada en la sombra como un caballo
Soy Transfeminista faltandole el respeto a lo macho
todos los días,
reivindico su banalidad
su pansexualidad que oculta el extremo del Juego
yo Juego entre ellos el Juego cabro
Al lado, apuntando a los flancos
y afuera desde lo estoico hasta lo artesanal
Juventud de norte a mente
debajo de la piel del pecho
la capital de 1 año de gira.
Soy más gay que David Bowie
1 bucólico emprendimiento de señorita mostrando el culo en
el capot
y en Lima-topo-lis todavía soy una persona cuerda
/en la ciudad mental, claro/

THINGS I AM

I'm a scaffold in a little girl's cries
I never stand up the right way
I hear rap in places where just causes are defended
and my decoration is hard work
I'm the piece of organ left over from the earth
1 blood pump around 1 campfire
I never wanted to write when I'm sad
just riddle the river with questions
that are flat and don't perish in my incomplete head
reflected in the shadow like a horse
I'm a Transfeminist disrespecting the macho
every day,
I reclaim their banality
their pansexuality that hides the extremes of the Game
I Play among them the faggot Game
To the side, aiming at the flanks
and outside from stoicism to artisanship
Youth from north to mind
under the skin of my chest
the capital of 1 year touring.
I'm gayer than David Bowie
1 bucolic undertaking of a young lady showing her ass on
the car hood
and in Lima-topo-lis I'm still a sane person
/in the mental city, of course/

Soy 1 palacio de indirectas
de bienes deshechos por tus ojos
no puedo ocultar mi hipnosis
las sirenas se posan
sobre los pixeles de mi pc
que torpe soy para dejarlas entrar y establecer una ciudad
que me hace sentir imán de problemas
empecemos una pelea
que el dolor y el hambre la maticen
para las grabaciones del público
con olor a ilegal
a una trenza forzada en pelo de cristal
eso entonces
muerte al macho en calzoncillo
por lima de madrugada
a modo de libertad
desusa esta prenda
para sentirse fresco

derrite ante la luna
1 parte de tu edificio favorito
yo le temo a sus miradas,
al couster que no llega al paradero
a veces dejarse florecer promueve 1 delirio
un abandono del mundo
dejarse borrar resulta más sutil
y bello que buscar el siguiente inicio.

POE-FUTURO / POE-FUTURE

I'm 1 palace of insinuations
of goods undone by your eyes
I can't hide my hypnosis
the mermaids are perched
on the pixels of my pc
how clumsy of me to let them in and establish a city
that makes me feel like a magnet of troubles
let's start a fight
let the pain and hunger give it nuance
for the public recordings
smelling like illegal
to a forced braid in crystal hair
that then
death to the macho in his underwear
by Lima in the early morning
by way of freedom
he unwears this garment
to feel fresh

melt before the moon
1 part of your favorite building
I'm afraid of their stares,
of the coaster bus that doesn't reach the bus stop
sometimes to let oneself bloom promotes 1 delirium
an abandonment of the world
to let oneself be deleted is more subtle
and more beautiful than looking for the next beginning.

RETRATO

Mis zapatillas son el reflejo de esa calle
la sombra de 1 vasija
1 atrapa-mosca
y mi falda una autopista granulada
débil como la muerte de una mosca
que se presenta y huye
mientras rompe el aire sordo.

Brotan deshechos de mi,
sombreros con punta
y plumas
y banderas
y personas que narran pérdidas
en el papel roto de mi mente
con 1 ruptura de cuenta libre,
torpe me alineo
sobre los sueños
triste compro un souvenir pesado como 1 mochila llena
donde largar las pocas proezas que me quedan
por el humo donde se barren a las mujeres.

Tengo hermanos para conquistar el planeta tierra
tenemos sueños
yo tengo ese sueño crimen ahora mismo
mi vista entra en 1 ranura
ojo dentro del ojo de la ranura de una puerta
aguaitando ver caer sucio para limpiarlo

PORTRAIT

My sneakers are the reflection of that street
the shadow of 1 pot
1 fly-catcher
and my skirt a granulated highway
weak like the death of a fly
that presents itself and flees
as it breaks the dull air.

Waste sprouts out of me,
pointed hats
and feathers
and flags
and people who recount losses
on the torn paper of my mind
break up with 1 free account,
awkwardly I line up
over the dreams
sad I buy a souvenir heavy as 1 full backpack
where to discharge the few prowesses that I have left
through the smoke where women are swept away.

I have brothers to conquer the planet earth
we have dreams
I have that crime dream right now
my sight fits into 1 keyhole
eye inside the eye of a door keyhole
peeking to see dirt fall to clean it up

1 poco del odio y ya
el dolor de cabeza
sobrando sensual
la toda ropa caricia contra el vidrio
todo deseo mental
voy a apuñalar tu puerta por amor
y fracasarlo todo
buscar el lado limpio de las personas
sin aseo del espíritu
la palabra
la boca
la lengua
sin más encierro ostra
sin correas o cadenas.

Con mis amigos chikipunks a la edad padre
seguimos matando a pelo las historias
sin luz a full de oscuridad punzo cortante
y llena de olor,
yo dejo que me lleven
en ese microbio
este carro sonoro y oloroso
no me quiero mojar ni secarme en las plumas de la escritura veloz
prefiero el dolor de manos en sillas sin dolor
arrojáte al mar
y cierra el oído
siente 1 verso
que te de miedo al inicio
con brillo en los ojos
y que el amor te coma los pedazos que aún quedan.

POE-FUTURO / POE-FUTURE

1 little bit of hate and that's it
the headache
being sensually left over
all clothes a caress against the glass
all mental desire
I'm going to stab your door for love
and fail all around
look for the clean side of people
no grooming of the spirit
the word
the mouth
the tongue
no more oyster confinement
no more leashes or chains.

With my teeny-punk friends in the father age
we keep on murdering stories bareback
with no lights in fullness of shiv-shanking darkness
and full of smell,
I let them take me
in that microbe-bus
this smelly, sonorous carriage
I don't want to get wet or dry myself in the feathers of fast writing
I prefer the pain of hands in painless chairs
throw yourself into the sea
and close your ear
feel 1 verse
that scares you at the beginning
with a gleam in your eyes
and let love eat off you the pieces that still remain.

ODIO AQUÍ

El odio es un matrimonio se proyecta en 3D
las amenazas son solo un juego de hashtags de forma violenta
cambian de símbolo para decir una injuria sobre los poderes de la red
y eso asesina un cuerpo por la tarde, no podrás moverte
si un mudismo crece en tu mente se te trepa en el cuello
se propagará el virus
entonces
trepate en otra espina,
en otro pecho cuando se te ocurran ideas
si ya no sientes ganas de nadar, como nunca
mira volar un enjambre de abejas que buscan a esta hora
desaparecer de la costa
aguarda el linchamiento digital
y a pesar de eso no juzgues
te tapa una nube gris tenebrosa
en los momentos precisos en que la falsedad intenta adivinar el futuro
esa mala intención sobrepasa a las subjetividades
cosa natural la crueldad en el hombre y la mezquindad
acelérate con la nieve artificial y tócate el corazón
rememora la niñez central miserable
aquel vínculo con lo intangible

HATE HERE

Hate is a marriage is projected in 3D
threats are just a game of hashtags in a violent fashion
they change the symbol to slander on the powers of the web
and that murders a body in the afternoon, you won't be able to move
if mutism grows in your mind it crawls up your neck
the virus will spread
then
go crawl up another thorn,
up another chest when you get ideas
if you don't feel like swimming anymore, like never before
watch a swarm of bees fly, seeking at this hour
to disappear from the shore
wait for the digital lynching
and in spite of that do not judge
you are covered by a dark gray cloud
in the precise moments when falsehood tries to guess the future
that bad intention surpasses subjectivities
cruelty a natural thing in man and meanness
accelerate yourself with artificial snow and touch your heart
reminisce the miserable central childhood
that link with the intangible

HECHIZO

Convertirse en taxidermista de lo paranormal,
En exterminador de ciempiés
y luego ser convocado por los seres bacteriales
en convertirme en agente de la CIA
hoy quiero contarles como un hombre le enseñó a hablar a su trasero
y este hablará tanto que interrumpirá al tipo
demasiado, el tipo no volverá a hablar y se le nublará la mente
así de soldadora la realidad, oculta el cuerpo y su ciencia ficción me
cuentan sobre magia y redondeo un hechizo
enfrente de mí les vuelan los sesos
a los artistas las manos, a los poetas las mentes
balas blancas son,
años de ambivalencia personal
daños ciegos y en retroceso como 1 cangrejo pegado a 1 alga
uno se encierra en un cuarto a hablar de las máquinas y
                                      [todo le sabe mal
sale y almuerza desnudo pegándose 1 espacio entre la piel
                                        [que está muy junta
una trinchera entonces
maullemos allí perdidos
como mujeres techeras
como delitos castigados

SPELL

To become a taxidermist of the paranormal,
A centipede exterminator
and then to be summoned by the bacterial beings
into becoming a CIA agent
today I want to tell you how a man taught his asshole to talk
and it'll talk so much that will interrupt the guy
too much, the guy won't talk again and his mind will become clouded
such a welding reality, hides the body and its science fiction tells me
about magic and I round up a spell
in front of me they get their brains blown out
and the hands of the artists, the minds of the poets
with white bullets,
years of personal ambivalence
blind and receding damage like 1 crab stuck to 1 seaweed
one locks oneself in a room to talk about the machines and
                                        [everything tastes bad
one goes out and has lunch naked sticking 1 space between the skin
                                        [which is too close
a trench then
let's meow there lost
like roof-prowling women
like punished felonies

PAÍS IMAGINARIO

Mis historias en el cráneo
me arranco los OJOS para venderlos
Le leo mis poemas a los gatos y se empiezan a arañar a ellos mismos
así me vuelvo una frecuencia de 1 millón de megabytes
solo así se pone escarchada la mente
en las ventas hechas de agua de los ojos cerrados
agua negra
hacemos flexiones todos los días somos el futuro
somos 1 escape de la cárcel
y nos tildan de juzgadores por ostentar una ideología
qué ciegos a veces al darnos dudas y posturas ofendidas
qué difícil ver que nos equivocamos
quemamos un celu en el piso
Dios ve tal sacrilegio y lo nombra por cosas deformes
inutilizo mi edad con mieda infestada
el amor no es 1 caca
pero como 1 gas al presionarlo se convierte en tal
Mi cuerpa invade tu realidad virtual
entre música relajante
Dejo que invadan nuestra memoria en forma troyana
yo soy el mas grande sonido aturdido
pero quiero convertirme en alarma y que me
                                         [odies en la mañana
al mirar estrellas que me estimulen quitarle al mar blanco
le quito el sueño a un gato y observo niños volviendo a sus casas
sus secuestradores los liberaron, también tiembla la tierra
                                                 [en ese momento
tiembla 1 país imaginario.

IMAGINARY COUNTRY

The stories in my skull
I tear out my EYES to sell them
I read my poems to the cats and they start scratching themselves
so I become a 1 million megabyte frequency
only this way does the mind get frosty
in the completed sales of shut-eye water
black water
we do push-ups every day we are the future
we are 1 jailbreak
and we're labeled as judgmental for upholding an ideology
how blind sometimes when we doubt ourselves and act offended
how hard to see that we are wrong
we burn a cell phone on the floor
God sees such sacrilege and names it after deformed things
I render my age useless with infested fear
love is not 1 poop
but like 1 fart when you push it turns into that
My body invades your virtual reality
amidst soothing music
I let them invade our memory in a Trojan fashion
I'm the biggest bewildered sound
but I want to become an alarm and want you to
                                                                [hate me in the morning
as I look at stars that stimulate me to take away from the white sea
I take away sleep from a cat and watch children return to their homes
their kidnappers set them free, and the earth also trembles
                                                             [at that moment
1 imaginary country trembles.

Kinestesia

El Pecado
mientras mi cabeza se pierde en la ducha
como única interrupción tengo mis uñas llenas de ideas
mi mente llena de interrupciones
el poetivismo es este reniego en la tinta
esta inmunidad de todo dolor
y sin embargo desesperación
en contradicciones inversas
si mis bermudas están volteadas
si ordené o no mi cama
ya esta de mas tenderla
si se parece a mi alma
en una chancheria de ilusiones
en mi cumpleaños número 28
todo lugar prohibido de homofobia
como ideología
todo lugar espectral de odio todo eso que se moje
y consuma en una nube ploma que se vuelvan realidad
                                        [estos mis monstruos
impuestos por el orden
en síntesis sin premios
cada vez que pase el día mirando la pared sin flojeras
todo el día preguntando por mi en su dialecto
en sus confines
y si
esta realidad es un estómago de vaca

POE-FUTURO / POE-FUTURE

Kinesthesia

Sin
as my head gets lost in the shower
my fingernails full of ideas as the sole interruption
my mind full of interruptions
poetivism is this scourge on ink
this immunity from all pain
and nonetheless desperation
in inverse contradictions
whether my bermuda shorts are inside-out
whether I cleaned up my bed or not
makes no sense to even make it
if it resembles my soul
in a pigsty of illusions
on my 28th birthday
everywhere prohibited, homophobia
as ideology
every spectral place of hate let all of that get wet
and consumed in a leaden cloud may these monsters of mine
  [become a reality
imposed by order
in synthesis without prizes
every time I spend the day looking at the wall without being lazy
all day long asking for me in their dialect
in their confines
and if
this reality is a cow stomach

con sonido kinestésico
y hay otras realidades
allí habitamos engañados por izar banderas de todos los colores
que asumimos nos representan
en esta verdad de individuales

POE-FUTURO / POE-FUTURE

with kinesthetic sound
and there are other realities
therein we inhabit deceived by hoisting flags of all colors
that we assume represent us
in this truth of individualities

A lot of chicas tristes en Instagram

Un montón de bebitas con sonrisas invertidas
sus ojos pintados con gloss
sus labios con el polvo rosa que sobra de
                                        [la nariz que antes inhaló
si compro un poco de adicción en mi cuarto
encerrada por n días podré devolverles eso a esas chicas
                                        [si salen a las calles?
que nunca logren preferir la fiesta que la siesta
si les doy la llave de algunos secretos quizás encuentren otra vez
                                        [ese tutorial de maquillaje
que las deja como muñecas bratz
o casi copiando a las nenas kawai
casi explota un globo brillante que tengo en mi cuarto
                                        [de tanto desearlo
al lado de mi pc llena de stickers
que me recuerdan momentos fanzineros.

Siempre filtro mi buscador para que me muestre lo más rosa del día o de la noche
                                        / al otro lado del mundo.

Encorazonaré fuerte a las chicas tristes porque son
                                        [las más bellas
y mi dignidad quizá se vaya por el desagüe
pero
no hay nada más profundo y doloroso que
                                        [el final de sus delineadores

A lot of sad girls on Instagram

A lot of baby girls with inverted smiles
their eyes painted with gloss
their lips with the pink powder left over from
                                         [the nose that inhaled before
if I buy a little bit of addiction in my room
being locked up for n days could I give that back to those girls
                                         [if they hit the streets?
may they never come to prefer the fiesta to the siesta
if I give them the key to some secrets maybe they'll find again
                                         [that makeup tutorial
that leaves them looking like bratz dolls
or almost copying the kawaii babes
a shiny balloon in my room almost popped
                                         [of wishing so hard for it
next to my pc full of stickers
reminding me of my fanzine moments.

I always filter my search engine to show me the pinkest thing of the day
or night
                                         / on the other side of the world.

I will strongly heartwarm the sad girls because they are
                                         [the most beautiful ones
and my dignity may go down the drain
but
there's nothing more profound and painful than
                                         [the end of their eyeliners

o el final de tu anime favorito
o el final de una cuarentena
o perder a todos tus clientes por ser freelance
ver esas gotas falsas en sus ojos era mi pasatiempo favorito
las curvas de unos labios exagerados
que ahora se ven cubiertos con máscaras faciales
ya no sabré más si siguen apilando amores perdidos
o balas
o si consiguieron la siguiente navaja por coleccionar
no conoceré sus sentimientos en el exterior
solo me queda scrollear y actualizar cada
                          [media hora la lupita de instagram
y encontrar belleza
o quizás terror
ojos más grandes que los míos,
suaves cinturas y armonía de una chamba bien hecha en photoshop.

Quiero hacerme un collar con los selfies de todas
                          [las bebitas tristes con pelucas
porque nunca mostrarán las mejillas
porque amo sus miradas vacías
Thank you nenas sin amigos por hacer que me sonrían los músculos
por hacerme vibrar como pop corn sin que nadie me toque
a ustedes les perdono los dramas
y los finales infelices
ustedes nunca cometieron errores,
fueron movimientos de apertura calculados
sigan sonriendo invertido

POE-FUTURO / POE-FUTURE

or the end of your favorite anime
or the end of a quarantine
or losing all your clients because you're freelancing
seeing those fake drops in their eyes was my favorite pastime
the curves of some exaggerated lips
that are now covered with face masks
I won't know anymore if they're still stockpiling lost loves
or bullets
or if they got the next collectible razor
I won't know their feelings on the outside
all that's left for me is to scroll down and update the
                              [instagram search tab every half hour
and find beauty
or maybe terror
eyes bigger than mine,
smooth waists and the harmony of a well done photoshop job.

I want to make a necklace with the selfies of all
                              [the sad little babies in wigs
because they'll never show their cheeks
because I love their empty stares
Thank you friendless babes for making my muscles grin
for making me vibrate like pop corn without anyone touching me
from you I forgive the dramas
and the unhappy endings
you never made any mistakes,
they were calculated opening moves
keep on smiling inverted

yo les susurraré en japonés llenando de humedad mi celu
y wasapearé un hola a todas las chicas lindas que
[sí sonríen mucho en la "vida real"
en son de provocación
también las tengo filtradas en mis contactos.

POE-FUTURO / POE-FUTURE

I will whisper to you in Japanese filling with moisture my cell phone
and I'll whatsapp a hello to all the pretty girls who
[do smile a lot in "real life"
in a provocative way
I also have them filtered from my contacts.

Hola, tengo 23 años y jamas besé

Hola, tengo 23 años y jamás besé
este es el impulso que siento para meter un dedo dentro del ventilador
y que deje de dar vueltas
tengo alergias y soy débil
dónde está mamá?
ayer acabó con todo el papel higiénico de metro
y seguro ha vuelto a ir
se compro 2 bidones de 7 litros de jabón líquido adulterado
eso no nos salvará del virus,
incuba 48 horas en cualquier lugar
en libros que prestaste o que te prestaron
en teclados y controles de play
en los smartphones y lapiceros
no sé si quiero morir,
siempre me rodeó la idea de un mundo diferente
si me quedo en casa 1 noche el virus me tocara la puerta?
le haré pasar pa fumar porro, yo lo alisto
ahora
estoy desnudo y me baño 3 veces al día
puedo chupar todos mis dedos después de comer mango
y sentir casi un deseo sexual, algo erótico
                                      [como el dolor de mi rostro
ahora que tengo 4 piercings
esos agujeros naciendo me hicieron llorar, recuerdo
los 3 gatos conmigo dicen que todo pasa
ellos me dan las noticias mejor que los canales de tv

Hello, I'm 23 years old and I've never kissed

Hello, I'm 23 years old and I've never kissed before
this is the impulse I feel to stick a finger in the fan
so it would stop spinning
I have allergies and I'm weak
where is mom?
yesterday she wiped out all the toilet paper in the supermarket
and I'm sure she's back at it again
she bought 2 2-gallon jugs of adulterated liquid soap
that will not save us from the virus,
it incubates 48 hours in any location
in books that you lent or that you borrowed
in keyboards and playstation controllers
in smartphones and ball-point pens
I don't know if I want to die,
I was always surrounded by the idea of a different world
if I stay at home 1 night will the virus knock on my door?
I'll make it come in to smoke a joint, I'll get it ready.
now
I'm naked and I shower 3 times a day
I can suck all my fingers after eating mangoes
and feel almost a sexual desire, something erotic
                                    [like the pain on my face
now that I have 4 piercings
birthing those holes made me cry, I remember
the 3 cats with me say all thing pass
they give me the news better than the tv channels

porque confío en sus miradas
soñaba con lanzarme a las cataratas de Iguazú
pero me llevaron a terapia y esas pepas funcionan
quería una empresa unipersonal pero
                              [procrastiné mucho en whatsapp
me tiemblan los brazos cuando oigo mi nombre y no lo dijo nadie
o lo dijo el ser que alguna vez me besará
en otro plano diferente donde el arte sea lo correcto
                                    [y lo demás patrañas.

because I trust in their gazes
I used to dream about jumping into Iguazú Falls
but they took me to therapy and those pills do work
I wanted a sole proprietorship but
                              [I procrastinated too much on whatsapp
my arms tremble when I hear my name and no one said it
or was it said by the entity that will ever kiss me
on a different plane where art is the right thing to do
                                    [and everything else is bullshit.

CUARENTENA 2020

Nadie entiende mi dolor en este cuarto
                     [donde me hallarán encerrado
un cadáver asustado al lado del ladrido de un perro que nunca fue suyo
una mota sin fumar y muchos versos desequilibrados
me bebí la lejía
me convertí en cactus
ahora que me he ido a otro plano
revisen la memoria de mi pc
algo andaba mal desde el inicio
me tocaba ver espaldas entre los presentes
y oír risas de otros que sufrieron más que yo
¿tuve suerte hasta esta noche a las 11?
porque en 1 hora se escuchará una gaita
y los gritos de un dandy
y un millón de niños emocionados enviarán stickers de UwU
porque no saben si esos gritos les dan
                     [pánico, admiración o nostalgia
los más grandes beberán vino y empezarán a leer clásicos

t r a n q u i

:)

soplo un poco de CO_2 para reducirme vivo
estoy malgastando el aire

QUARANTINE 2020

No one understands my pain in this room
                                    [where they will find me locked away
a frightened corpse next to the bark of a dog that was never hers
an un-smoked weed and a lot of unbalanced verses
I drank the bleach
I became a cactus
now that I'm gone to another plane
check the memory of my pc
something was wrong from the beginning
it was my turn to see the backs of those present
and listen to the laughter of others who suffered more than me
was I lucky until 11 o'clock tonight?
because in 1 hour we will hear a bagpipe
and the screams of a dandy
and a million excited kids will be sending UwU stickers
because they don't know if those screams cause them
                                      [panic, admiration or nostalgia
the older ones will drink wine and start reading the classics

e a s y

:)

I blow a little CO_2 to reduce my living
I am wasting air

oda al Coronavirus o una descripción de hechos insólitos

Ni tan insólitos si se delataban en internet en el 2012
quiero dispararme la cabeza
exagerar en la toma de mis pastillas
ya no cuento los días menos las noches
ahora todo está al revés
mi calle está fría a las 8pm, a las 9 a las 10
hago los ejercicios tontos de la psicóloga
traigo sus grandes manos
sus inmensos pies
hacia mí
oyendo daydreaming
aquí alguien adivinará si escucho paramore o radiohead?
aunque suene a lo mismo
ayer oí el grito de susto de una chica
nunca había cerrado tanto los ojos
nunca había tanto polvo en el escritorio
porque leo en cama
porque fastidio a mis gatos
porque odio a mi familia
porque me odio yo
pero le traigo con ese problema mental que tengo.

Extraño su barba ausente
puedo limitar mi mundo?
todo
huele a enfermedad
cuanto más nos falta para morir o para seguir quejándonos?

POE-FUTURO / POE-FUTURE

ode to the Coronavirus or a description of unheard-of events

Not so unheard-of if they were divulged on the internet in 2012
I want to shoot my head off
overdo it with my pill-taking
I no longer count the days let alone the nights
now everything is upside down
my street is cold at 8pm, at 9 at 10
doing the psychologist's stupid exercises
I bring back his big hands
his huge feet
towards me
listening to daydreaming
will anyone here guess whether I listen to paramore or radiohead?
even though it sounds the same
yesterday I heard the frightened scream of a girl
I have never closed my eyes so hard
there never was so much dust on the desk
because I read in bed
because I annoy my cats
because I hate my family
because I hate myself
but I bring him back up with this mental problem I have.

Missing his absent beard
can I put a limit to my world?
everything
smells of disease
how much longer before we die or to keep on complaining?

Mi doctrina hizo que se infle un globo verde
que simboliza muchas cosas
ya sabes
las noticias de los animales
abro mi unidad, creo un documento sin título
muero por hacer una fiesta y la hago
construyo otra vez amigos imaginarios
bailo con los recibos de luz y agua
bailo con el recibo de movistar
bailo con la cama
bailo con el piso
bailo conmigo
bailo
bailo
bailo
mis amigos son más virtuales ahora
los bots están más vivos que nunca
entonces qué ocurre afuera de mi casa?
gente muriendo frente al rebagliati
cuerpos quemados que siguen respirando
cuando detendremos la curva?
doctor, también la tristeza es un síntoma?
Corrí es un país?
O ya se están inventando estadísticas?
nos despiden a todos
charging battery
el mapa está actualizado

My doctrine has inflated a green balloon
symbolizing many things
you know
animal news
I open my device, create an untitled document
I'm dying to throw a party and I do it
constructing once again my imaginary friends
I dance with the water & electric bill
I dance with the movistar bill
I dance with the bed
I dance with the floor
I dance with myself
I dance
I dance
I dance
my friends are more virtual now
the bots are more alive than ever
so what's going on outside my house?
people dying in front of rebagliati hospital
burned bodies that continue to breath
when will we stop the curve?
doctor, is sadness also a symptom?
I-ran is a country?
Or are they already making up statistics?
we're all getting fired
charging battery
the map has been updated

ya llegamos a 30mil muertos
sigo oliendo a enfermedad
entonces
bailo conmigo
bailo
bailo
bailo
y oda
y oda
yoda.

POE-FUTURO / POE-FUTURE

we're already at 30 thousand dead
it still smells of disease
therefore
I dance with myself
I dance
I dance
I dance
I ode
Y ode
yoda.

el futuro

el futuro de la poesía peruana somos piero briknole y yo
el futuro es gloria alvitres siendo presidenta del Perú porque es una GENIA
el futuro es La Gato siendo la Ivy Queen del 2022 pero chibola pe
el futuro es guadalupano posting siendo presidentx de los Estados Unidos de América y gana solo por más likes en sus memes
el futuro es Soft Mama haciendo la fiesta más increíble del mundo en el Salar de Uyuni donde hasta las piedras perrean
el futuro es lisa carrasco escribiendo 1 millón de cuentos que son cuentas de instagram o sea creando 1 millón de cuentas de instagram
el futuro es franco osorio haciéndose MONJE de satanás y haciendo la Antifil en el Inframundo escuchando metal con Manuelito Villavicencio en el BAJO
el futuro es efrain altamirano haciéndose crecer la barba con sus poderes mágicos y que esa barba envuelva todo el centro de lima y cure todas las enfermedades que vengan
el futuro es la novela de kevin castro escrita sin JUSTIFICAR; es más escrita todo mal, inentendible, hasta que pasen 300 años más y la gente diga: esa novela es chevere y nunca entendieron nada
el futuro es Roberto Valdivia impulsando a escribir a todxs lxs chibolxs del mundo y descubriendo 5 trillones más de niñxs que escriben poesía electrónica
el futuro es gabriela hermosilla ganándole a PewDiePie en suscriptores y apareciendo en 1 video donde le dice: y quién xuxa eres tu suequito?
el futuro es Nadia Sol siendo LAIN de Serial Experiments Lain, entrando en la red, viviendo allí y siendo la DIOSA del internet que nos ve y nos concede deseos

POE-FUTURO / POE-FUTURE

the future

the future of peruvian poetry is piero briknole and me
the future is gloria alvitres being president of Peru because she is a GENIUS
the future is La Gato being the Ivy Queen of 2022 but kiddo tho
the future is guadalupano posting becoming presidentx of the United States of America and winning just because of more likes on his memes
the future is Soft Mama throwing the most amazing party in the world in the Uyuni Salt Flat where even the rocks are dancing perreo
the future is lisa carrasco writing 1 million stories that are instagram accounts in other words creating 1 million instagram accounts
the future is franco osorio becoming a PRIEST of satan and doing the Antifil in the Underworld listening to metal with Manuelito Villavicencio on the BASS
the future is efrain altamirano growing his beard with his magic powers and may that beard envelop the whole of downtown lima and cure all the diseases to come
the future is kevin castro's novel written without JUSTIFICATION; moreover written all wrong, unintelligible, until 300 more years go by and people say: that novel is cool and they never understood a thing
the future is Roberto Valdivia encouraging all the kiddxs of the world to write and discovering 5 trillion more children who write electronic poetry
the future is gabriela hermosilla beating PewDiePie in subscribers and appearing in 1 video telling him: and who da fook are you swedish boi?
the future is Nadia Sol being LAIN from Serial Experiments Lain, entering the web, living there and being the GODDESS of the internet who sees us and grants us wishes

el futuro es Yuliana Ortiz siendo un espíritu libre en forma de caballo
hermoso corriendo en el bosque más grande del mundo, en el
ÁFRICA, en la Selva Peruana, en todos los bosques por favor
el futuro es Maria Font desmitificando de una vez por todas el tlp por
spotify, y descubrimos que todxs tenemos problemas mentales y
depresión
el futuro es Lucia Carvalho convirtiéndose en anime aunque ya lo sea,
recitando versos que podrían destruir a todos los tíos mayores de 40
años y también cantando el ending de Dragon Ball
el futuro ya no será tinder ni meef, todxs estaremos unidxs
telepáticamente,
el gran hermano no se dará cuenta de eso y quebraremos de una vez por
todas el sistema.

POE-FUTURO / POE-FUTURE

the future is Yuliana Ortiz being a free spirit in the form of a beautiful horse running in the biggest forest in the world, in AFRICA, in the Peruvian Jungle, in every forest please
the future is Maria Font demystifying once and for all the bpd on spotify, and we come to realize that each one of us has mental problems and depression
the future is Lucia Carvalho becoming an anime character even though she is one already, reciting verses that could destroy all dudes over 40 and also singing the Dragon Ball ending
the future will no longer be tinder or meef, we will all be connected telepathically ,
big brother will not notice it and we will crash down the system once and for all.

Descubrí a Moses Sumney mientras lloro por los insultos que recibí de mi papá

Hacer clic por ahí en tu lap o pc
en los oídos: descubriendo Moses Summey
llorando
pensando
si matarte o cometer parricidio
mientras exportas un video nuevo para subir a la red que sea
buscas círculos de pintura y encuentras neón
todo lo que te gusta podría adoptar esa luz
telegram ya envió todos los archivos
sin pendientes
sin trabajo
sin dinero
ya pagué el cel de toda mi familia
ya pagué los recibos de luz
creo que quedan 15 soles por ahí
no alcanza para un happy, antes si.

Llorar no deja vectorizar
estar con la regla no deja ordenar las ideas
voy a proponer neón en vez de manchas de pintura
es una idea contraria pero qué sabor tendría esta vida horrible
sino les doy la contra a los que me pagan?
qué sería de mi portafolio si no lo lleno de belleza?
qué sería de esta canción sin género musical
si no le hago el honor de la performance del plot twist?
qué clase de cyborg soy si no me revivo a mí misma?

POE-FUTURO / POE-FUTURE

I discovered Moses Sumney while crying over the insults I received from my dad

Clicking around on your laptop or pc
in your ears: discovering Moses Sumney
crying
thinking
whether to kill yourself or commit patricide
as you export a new video to upload to whatever network
you look for paint circles and find neon
everything you like could adopt that light
telegram already sent all the files
no backlog
no work
no money
I already paid all my family's cell phones
I already paid the electric bills
I think there's 15 soles left somewhere
not enough for a happy brownie, it used to be so.

Crying doesn't let you vectorize
being on the rag doesn't let you organize your ideas
I'm going to propose neon instead of paint blots
it's a contrarian idea but what would this horrible life taste like
if I don't go against the ones who pay me?
what would become of my portfolio if I don't fill it with beauty?
what would become of this song with no musical genre
if I don't do the honor of performing a plot twist?
what kind of cyborg am I if I don't revive myself?

me doy electroshock
soy el electroshock
soy la droga silvestre con delineador en los ojos
soy la A y la E pegaditas impronunciables
soy el conjunto de e-mails a los que ya les quité la estrella de especial
las etiquetas de urgencia
soy el link que lleva a otro link que lleva a otro link
[que lleva a otro link
hasta que se te hinchen los huevos y te exploten
soy el efecto caleidoscopio de las formas del covid-19
ese verde brillante es belleza/terror/odio
haters
CAJAS
descargas
dropbox
onedrive
gmail
microsoft
instagram

me sangra la nariz.

POE-FUTURO / POE-FUTURE

I give myself electroshocks
I'm the electroshock
I'm the feral drug with eyeliner on my eyes
I'm the unpronounceable A and E stuck together
I'm the set of e-mails from which I've already removed the special star
the first priority tags
I'm the link that leads to another link that leads to another link
[that leads to another link
until your balls swell up and explode
I'm the kaleidoscope effect of covid-19 shapes
that bright green is beauty/horror/hate
haters
BOXES
downloads
dropbox
onedrive
gmail
microsoft
instagram

my nose is bleeding.

El meme de la cifra

La muerte de mi papá es el meme
con mayor cantidad de sellos de agua
me he puesto el saco de peluche
para fingir un abrazo
soy el chiste de la tristeza
ella se burla de mí
llueve y es halloween
he concentrado mi red
me he disfrazado de maniquí
me pinté los labios
para encontrar belleza en mi rostro
mientras me abanico con 200 dólares falsos
ya tengo lista la mascarilla y las manos
todos los celulares en alerta
todas las respuestas repetidas
todo el alcohol en aerosol en vez que en forma de sangre
pinto mis labios y abro photoshop
ahora que mi papá es una estrella
plañiré con su ausencia
pero me quedo yo
y los gatos
y los animes
y south park
y legalmente rubia
y todos los videojuegos que jugabas, papá
y Bestia Bebé
Dios es una entidad MIAU-RICA, papá.

The number meme

The death of my dad is the meme
with the highest number of watermarks
I have put on my faux fur coat
to simulate a hug
I'm the joke of sadness
it makes fun of me
it rains and it's halloween
I have concentrated my web
I have disguised myself as a mannequin
I have painted my lips
in order to find beauty in my face
as I fan myself with 200 counterfeit dollars
my facial mask and my hands are ready
all cell phones in alert mode
all the answers are repeated
all the alcohol in a spray can rather than in the form of blood
I paint my lips and open photoshop
now that my dad is a star
I will mourn next to his absence
but I remain
and the cats
and the anime
and south park
and legally blonde
and all the video games you used to play, dad
and Baby Beast
God is a CAT-GGOT entity, dad.

electroquímicaredbull

Un día cualquiera,
nadie me presta atención
dentro del sueño
aparece papá saludando con un "¿Qué?"
cuando abro la puerta que él nunca tocó
yo sentía un pálpito
en el lugar donde ahora vive una piedra grande
pero no se lo cuento a nadie
prefiero invertir mi tiempo
en confundir adrede el espacio-tiempo
tomar las píldoras que me da el sistema
cuando oigo los rasguños de uno de mis gatos
destruyendo otra puerta en esta casita llena de puertas.

En el sueño papá me mira con ira
a modo de método de crianza
y así me hereda un transtorno
hace 30 años que ese fuego no se extingue
y es el más corrosivo del último centenario.

Un día cualquiera me siento un fósil
que le habla a la gente
y los engaña
el autoencierro viene siendo the best choice
por eso me conecto a un zoom cada hora
y me he vuelto experta maquillando lágrimas
haciendo monocromáticos mis sentires

electrochemicalredbull

On any given day,
no one pays attention to me
inside the dream
dad appears greeting me with a "What?"
when I open the door which he never knocked on
I was feeling a heartthrob
in the place where now lives a big stone
but I don't tell anyone about it
I prefer to spend my time
purposely confusing space-time
taking the pills that the system gives me
then I hear the scratching of one of my cats
destroying another door in this little house full of doors.

In the dream dad looks at me angrily
as a kind of parenting method
and so he inherits me a disorder
a fire that has not been extinguished in 30 years
and is the most corrosive of the last century.

On any given day I feel like a fossil
that talks to people
and deceives them
self-confinement seems to be the best choice
that's why I connect to zoom every hour
and I have become an expert at putting makeup over tears
making my impressions monochromatic

alargo la mirada de papá
que no se extinguió cuando murió
que ahora es volátil señal que demoré en alcanzar
y me miento si pienso que ya logré la redención
entonces me echo en mi cama a correr todo el make up encima mío
todos los días es un día cualquiera,
abrazo a mi gata y nos hacemos las dormidas
silencio los teléfonos, vienen los otros dos gatos
les hago piojito, sacudo mi cabeza y pasan 5 mil años
                                         [o quizás 2 horas.

Por eso invento traps distintos
y me aíslo a modo egoísta
mandando al diablo un reclamo
visteo los cariñosos stickers de los fans
décadas de adicción a las salas de chat
sin poder corresponder a nadie.

Fio, el niñito valiente atrapado en su cama
hunde el miedo.

POE-FUTURO / POE-FUTURE

I stretch my dad's gaze
it did not fade away when he died
it now is a volatile signal that took me a long time to grasp
and I lie to myself if I think I've already achieved redemption
then I lay on my bed and let the make up run all over me
every day is just another day,
I hug my cat and we pretend we're asleep.
I put the phones on mute, the other two cats come
I scratch their backs, shake my head and 5 thousand years
                                              [or maybe 2 hours go by.

That's why I make up different trap tunes
and isolate myself selfishly
sending a complaint to hell
I peep my fans' affectionate stickers
decades of chat room addiction
without being able to reciprocate to anybody.

Fio, the brave little boy trapped in his bed
sinks the fear away.

LAGRÍMAS

Ya no puedo llorar más
Mi pecho se ha convertido en la astilla más peligrosa de una cruz
en un cementerio de algún pueblo cualquiera
llorar también hace madurar la tierra
éstas lágrimas son objetos
belleza dentro de un puñal entre las costillas
estos objetos líquidos vivían dentro mío
como en un infierno
pero ahora escapan
se van corriendo al teclado
se tiran encima y tocan letras
las letras se levantan en el aire
y me dicen que nada se remedia
entonces se acaban
y esta ausencia es una esperanza
de que nacerán nuevas lágrimas
fluidos como demonios
que gritan y se precipitan una mañana común.

TEARS

I can't cry anymore
My chest has become the most dangerous splinter on a cross
in a cemetery of some random town
crying also makes the earth ripen
these tears are objects
beauty inside a dagger between the ribs
these liquid objects living inside me
as in hell
but now they escape
they run off to the keyboard
they jump on it and touch letters
the letters rise in the air
and tell me that nothing can be remedied
then they are gone
and this absence is a hope
that new tears will be born
fluids like demons
screaming and rushing any given morning.

CELULAR

El smartphone está cocido a mi cuerpo
trazo con mi dedo una cobertura suave
que me traslada a otro país
con gente en una sociedad caliente
me deriva a veces
a sitios vacíos de personas
su cobertura es rosa
pegajosa como una goma
no tengo contraseña
entonces peleo con el desbloqueo
el es mi peor enemigo en un momento de silencio
a solas conmigo
acaricio sus agujeros
limpio por fanatismo la cámara
me siento confundida
me preparo para que ingresen a mi mundo
donde soy protagonista de la soledad más profunda.

CELL PHONE

The smartphone is sewn to my body
I trace with my finger a soft cover
that transports me to another country
with people in a blazing society
sometimes it routes me
to places devoid of people
it has a pink coverage
sticky like a piece of rubber
I don't have a password
so I struggle with the unlocking
he is my worst enemy in a moment of silence
alone with me
I caress his holes
I fanatically clean the camera
I feel confused
I get ready for them to enter my world
where I am the protagonist of the deepest solitude.

Notificaciones

En internet veo el incendio de los árboles
todo ese fuego me indigna pero no me muevo
soy la inutilidad andante
me acaricio el rostro tratando de encontrar
sudor
pero
el celular suena
son 10 notificaciones nuevas
las reviso
y considero que esto es más importante?
me hace sentir asco de mí misma
voy a la cocina
me sirvo una vaso con agua
y pienso en los árboles que abracé en mi vida
repartidos en muchos lugares del país
ese fuego que los quema
me está quemando a mí
por dentro.

Notifications

On the internet I see the trees on fire
all that fire outrages me but I don't move
I am a walking futility
I caress my face trying to find
sweat
but
the cell phone rings
it's 10 new notifications
I check them
and I consider this to be more important?
it makes me feel disgusted with myself
I go to the kitchen
pour myself a glass of water
and I think of the trees I have hugged in my life
scattered in many places of this country
that fire that burns them
is burning me
from the inside.

Pastillas

Odio estas perlas deformes
me hacen cerrar los ojos
y escupir siseos
¿hasta cuando estarán sobre mí?
¿Me he vuelto dependiente?
me quedan estas dudas
y a pesar de eso
me sobrepasan
me llueven
mamá dice que las necesito
hermana dice que las necesito
no sé si las necesito
alguna vez las olvidé
y desdoblé mi existencia
no reconocí a mi otro
me dolió cada arruga en el rostro
se descascararon mis labios
y empezó una comezón en mi cuerpo
lamentable
tener que seguir con estos "remedios"
que no me remedian
que me hacen incapaz de ser.

Pills

I hate these deformed pearls
they make me close my eyes
and spit sibilations
How long will they be over me?
Have I become dependent?
I am left with these doubts
and in spite of that
they overtake me
they rain down on me
mom says I need them
sister says I need them
I don't know if I need them
surely once I forgot them
and my existence disjoined
I did not recognize my other
every wrinkle on my face hurt
my lips flaked off
and an itchiness started in my body
It's unfortunate
to have to go on with these "remedies"
that do not remedy me
that render me incapable of being.

Violencia de género

Los hombres con saco
maltratan a una sola mujer
se burlan de ella
ella llora hacia adentro
soporta el gang bang
de esta multitud gris
que suda y huele mal
a ella le desatan algún nudo del vestido
y también le desatan la voluntad
se calla para sufrir menos
porque su naturaleza es ser devota
y su dolor es teatral
ella se suma a ese peligro
con no emitir ningún sonido
cero expresiones
mira el piso
se extiende y se une a él
para lograr una dureza
algo que la haga indestructible
en pensamientos

Gender violence

Men in suits
mistreat one single woman
they make fun of her
she cries inwardly
endures the gang bang
of this gray multitide
that sweats and smells bad
they untie some knot in her dress
and they also unravel her will
she keeps quiet in order to suffer less
because her nature is to be devout
and her pain is theatrical
she adds herself to that danger
by not uttering a sound
zero expressions
she looks at the floor
reaches out and joins him
in order to achieve a hardness
something that makes her indestructible
inside her thoughts

Drag Queens

los hombres más sensuales son los drag queen
algunos no tienen manos
tienen tentáculos
y me enredo en ellos
quiero robarles sus pelucas
llevar conmigo de viaje 35 pares de zapatos con tacón
y su espíritu en una maleta
quiero ser una maldita fiera
que me nazca la violencia desde el amor
estoy preparada para el siguiente reto
Las cachetadas más duras van en el estómago
y se entregan con la mano en forma de puño
en los challenge
me da un ataque de risa
y de pronto las reinas se detienen
salgo de mi fantasía
y siento el control remoto en la pierna
estoy enredada en mi cama tocándome el rostro
sintiendo que estoy tan maquillada como esos hombres
me tienen enamorada como solo una vez en la vida
fueron los peores 20 minutos de mi vida
Atención a todas las vulgares corredoras
Les tengo un nuevo anuncio
eres sumamente básica
Y no hay tiempo para eso

Drag Queens

drag queens are the sexiest men
some of them have no hands
they have tentacles
and I get tangled up in them
I want to steal their wigs
take with me on a trip 35 pairs of high heeled shoes
and their spirit in a suitcase
I want to be a goddamn beast
let violence be born out of my love
I'm ready for the next challenge
The hardest slaps go to the stomach
delivered by the hand in a fist-shaped fashion
in the challenges
I have a fit of laughter
and suddenly the queens stop
I come out of my fantasy
and feel the remote control on my leg
I'm tangled up in my bed touching my face
feeling I'm wearing as much makeup as those men
they've got me in love like only once in a lifetime
it was the worst 20 minutes of my life
Attention all vulgar female runners
I have a new announcement
You are extremely basic
And there is no time for that

pintémonos las barbas
y encerrémonos en una fiesta sin luces
Gimme anime-wzing
Mis amigos imaginarios están celosos
me enviaron una carta de emancipación

POE-FUTURO / POE-FUTURE

Let's paint our beards
And lock ourselves in a party with no lights
Gimme anime-wzing
My imaginary friends are jealous
they have sent me an emancipation letter

Internet es Namasté

Internet
Internet
Internet
Internet
Internet
Internet
Internet
Dios
Internet
Me invita a buscar vectores para hacer un diseño
tengo demasiadas ventanas abiertas
se hacen puntos grises en el monitor
internet
internet
internet
tuiteo una idea absurda
me siguen
me dan rt
a full en corazones
Parece un delito estar tanto tiempo
En internet
internet
internet
Internet
y los dedos corren cada vez más rápido
y los textos se vuelven efímeros

Internet is Namasté

Internet
Internet
Internet
Internet
Internet
Internet
Internet
God
Internet
Invites me to look for vectors to make a design
I have too many windows open
becoming gray dots on the monitor
internet
internet
internet
I tweet an absurd idea
they follow me
they RT me
full on hearts
It seems a crime to spend so much time
On the internet
internet
internet
Internet
and fingers running faster and faster
and texts becoming ephemeral

corre Fiorella
que te ganan y ya no consigues tantos rt
internet
internet
internet
me habita un abismo
se me cuelga la pc
tengo que reiniciar
el odio invade mi pecho
un pecho que puedo tocar
pero que siento menos real que el internet

POE-FUTURO / POE-FUTURE

run Fiorella
they're going to beat you and you don't get so many rt's anymore
internet
internet
internet
an abyss inhabits me
my pc crashes
I have to reboot
hate invades my chest
a chest that I can touch
but that I feel is less real than the internet

LICUADORA

Mi computadora rosada está medio ciega
bebo café para conversar con ella
tengo las frutas colgadas aquí donde me duele siempre
pero estoy medio ciega desde que tengo 8 años
y mis gatos blancos son testigos
de que pierdo las gafas para no ver lo negro de mi confusión
mis gafas también son negras
y me sirven para las performances que hago a solas
me lleno de aplausos que encuentro dentro de mi computadora rosada
a ella no le medí la vista y por eso no usa gafas
los gatos blancos no se ponen de acuerdo
sobre las necesidades de esta computadora
entonces la apagan a modo de huelga
uno de los gatos blancos dice: solucionamos su ceguera
pero el otro gato blanco responde: volverán a prenderla
                    [y habrá sido en vano todo
mis gafas hacen el mismo chillido del windows
ese sonido de prendido asusta a los gatos
piensan que han perdido la batalla contra
                    [la ceguera de mi computadora
detrás de la cocina había otro gato blanco, es el tercero
el trasero de la cocina es como el sombrero averiado de un mago
entonces me siento en el escritorio
agarro mi silla
y me agacho para escribir este texto
con mi lápiz purpura

BLENDER

My pink computer is half blind
I drink coffee to chat with her
I have the fruits hanging here where it always hurts me
but I've been half blind since I was 8 years old
and my white cats are witnesses
that I lose my glasses so I don't see the blackness of my confusion
my glasses are also black
they're useful for the performances I do all on my own
I'm filled with applause that I find inside my pink computer
I didn't take her for an eye exam and that's why she doesn't wear glasses
the white cats cannot agree with each other
about the needs of this computer
so they turn it off as a strike gesture
one of the white cats says: we fixed her blindness
but the other white cat replies: they will turn her on again
                                            [and everything will have been in vain
my glasses make the same screeching sound as windows
that sound of turning on frightens off the cats
they think they have lost the battle against
                                            [my computer's blindness
behind the kitchen there was another white cat, it is the third one
the backside of the kitchen is like a magician's broken hat
then I sit down at the desk
I grab my chair
and bend down to write this text
with my purple pencil

lo escribo y no lo veo
no encuentro mis gafas negras
quizás se fueron a reclamarle a la cocina
a decirle que están harta de ver cada vez
más gatos blancos salir de su trasero
los gatos blancos protestan
queremos seguir reproduciéndonos dicen
entonces meto el lápiz púrpura a la licuadora del papel
resulta que no lo que había escrito
se convirtió en un dibujo
arrastro el papel para meter a todos los gatos
me convierto en la asesina del lápiz purpura
no estoy en mis cabales
y el lápiz purpura me envió una carta de emancipación
siento que esto es un sueño
la computadora rosada se prendió sola
me quitó las gafas negras
para escribir un verso
que pese 100 kilos
hecho solo con el lápiz purpura
sobre uno de los gatos blancos
se le solucionó la ceguera
y cogió con sus manos mis gafas negras
me los tatuó en la cara y ahora veo todo muy claro,
la computadora no es rosada
no hay ningún gato blanco
las voces en mi cabeza se calmaron
y el lápiz dejó de escribir.

POE-FUTURO / POE-FUTURE

I write it and I can't see it
I can't find my black glasses
maybe they went and complained to the kitchen
told it they are sick and tired of seeing more and more
white cats coming out of its ass
the white cats are protesting
we want to keep reproducing they say
then I shove the purple pencil into the paper blender
it turns out that what I had not written
converted into a drawing
I drag the paper to shove all the cats inside it
I become the purple pencil killer
I'm not in my right mind
and the purple pencil sent me an emancipation letter
I feel like this is a dream
the pink computer turned itself on
she took off my black glasses
to write a verse
that weighs 200 pounds
made only with the purple pencil
on one of the white cats
her blindness was fixed
and she grabbed my black glasses with her hands
tattooed them on my face and now I see everything very clearly,
the computer is not pink
there isn't any white cats
the voices in my head settled down
and the pencil stopped writing.

Me convierto en lipstick

Me baño dentro de la crema rubí
quiero ser un color eterno
algo de iridiscencia
quiero ser el brillo
entonces me hundo en esta barra cremosa
la corto en pedazos
la muelo con mi cuerpo
la embarro entre mis dedos
y me unto como un pan
esta manteca se me mete hasta en los ojos
mientras hago esto bailo
tarareo algún flow que hable de autoestima
siento como se me cae el pelo de la cara
no necesité rasurar mis cejas ni cortarme las pestañas
estos compuestos químicos lo hicieron por mí
y me hinchan
tomo un color tornasol topacio berenjena
qué se yo
quiero ser un bálsamo
me esfuerzo un poco más
y ya voy perdiendo las piernas
se derriten
me hago pequeña
no puedo creer que haya sido tan sencillo
contemplo más de cerca la posibilidad de ir en los labios de la gente

I turn into a lipstick

I bathe myself in the ruby cream
I want to be an eternal color
some iridescent thing
I want to be the glimmer
so I sink into this creamy stick
cut it into pieces
grind it with my body
smear it between my fingers
And spread it on myself like a piece of bread
this butter even gets inside my eyes
as I do this I dance
humming some flow that speaks about self-esteem
feeling how the peach fuzz falls out of my face
I didn't need to shave my eyebrows or trim my eyelashes
these chemical compounds did it for me
and they puff me up
I take on a color topaz iridescent eggplant
what do I know
I want to be a balsam
I try a little harder
and I'm starting to lose my legs
they're melting
I'm getting smaller
I can't believe it could have been so simple
I closely contemplate the possibility of being on everybody's lips

añoro eso
que me besen otros labios que tmb me posean
dos pares de labios conmigo adentro
me besaré yo misma
ya siento el sabor
me mermeleo en el suelo de mi cuarto
me agacho
y ya no tengo huesos ni piel
le soy esquiva a la ropa y a los zapatos
para ser el producto tóxico que se vierte en el dulce
y apasionado roce del carmín en ese músculo grueso del rostro.

POE-FUTURO / POE-FUTURE

I yearn for that
to be kissed by other lips to be possessed by them also
two sets of lips with me inside
I will kiss myself
I can already feel the taste
I turn into jam on my bedroom floor
I bend down
and don't have no skin or bones anymore
I am elusive to garments and shoes
to become the toxic product that is poured on the sweet,
passionate crimson touch over thick face muscle.

LCD

Estoy cayendo,
eso quisiera
Pero estoy flotando
Siento los colores en mis manos
El brillo dorado y rosa
De lo que mas pigmenta mis párpados
Cada vez que voy al encuentro de un tipo
Un intento de disfrazar mi transtorno de elektra
Quiero llenar ese vació
Con un estado de presencia
A pesar de la pandemia
Que otro cuerpo surque ríos
O caminos de lodo
Dentro mío
Para hacerme sentir un poco el mundo exterior
en mi cráter de complacencia
O me hago la chibola para apañar mi monedero de gato.

Uso peluches que fungen de conservantes
De mis labiales,
de mis cosas inútiles
Vuelvo a ser quien realmente soy cuando tiro,
Sola,
Estos pigmentos que brillan azules en mis manos
A pesar de las marcas de los tatuajes
Que se despintan

LCD

I'm falling,
I wish
But I'm floating
Feeling the colors in my hands
The glitter, golden and pink
Of what most deeply pigments my eyelids
Every time I go to meet a guy
An attempt to disguise my elektra complex
I want to fill that void
With a state of prescience
Despite the pandemic
Let another body ply the rivers
Or the mud roads
Inside me
To make me feel a little of the outside world
in my crater of complacency
Or should I play the little girl in order to support my cat purse.

I use stuffed animals that serve as preservatives
Of my lipsticks,
f my useless things
I again become who I really am when I fuck,
Alone,
These pigments that shine blue in my hands
In spite of the tattoo marks
Fading

Todo lo que atraigo gruñe o chupa
Y me retrata
No estoy cómoda con ese vacío
Pero igual me siento feliz
Porque eso hacen los trips.

POE-FUTURO / POE-FUTURE

Everything I attract either licks or growls
And it portrays me
I'm not comfortable with that void
But I feel happy still
Because that is the doing of trips.

Mulholland Drive

Baby
siento un dolor mórbido
al pasarme el peine por el borrador
este delantal está gritando
porque no recuerda su vida pasada
solo el saxofón al cortar mis fotografías
en una sala oscura
con cortinas oscuras
en mi aura oscura
aunque no sea malo.

baby esta noche ha hecho crecer un árbol dentro de la sala
decídete de una vez
cosechemos estos conejos que discuten
sobre la paradoja de qué fue primero
la gallina, el huevo o quizás la tortilla
besémonos como dos mujeres en el rincón de un asesino
investiguemos las apariciones solares
en medio de la noche más estrellada
no somos santos
soñemos con la fama
para volverla realidad.

Mi obsesión contigo en donde estás ausente
y tomas el volante de un Rolls Royce Phantom
que apareció al pestañeo de mi revolver

Mulholland Drive

Baby
I feel a morbid pain
as I run the comb through my eraser
this apron is screaming
because it doesn't remember its past life
only the saxophone as I cut up my pictures
in a dark room
with dark curtains
in my dark aura
Even if it's not a bad thing.

baby this evening has made a tree grow inside the living room
make up your mind at once
let's harvest these rabbits who are arguing
about the paradox of what came first
the chicken, the egg or maybe the omelet
let's kiss like two women in a murderer's corner
let's investigate the solar apparitions
in the middle of the starriest night
we are not saints
let's dream about fame
in order to make it come true.

My obsession with you, where you are absent
and you take the wheel of a Rolls Royce Phantom
that appeared at the blink of my revolver

entre las cortinas y tus labios gruesos
y mi vestido negro que atesora mi piel de sal,
es este monstruo que se corta el brazo
pero nunca intenta apuñalarme a solas
aún puedo imaginar el ronquido de la Rolls Royce.

Estoy corriendo entre los lentes del director de cine
que coquetea contigo
y te promete fortuna
y te envidio
y no hago más que aprobar licencias de mis libros
aceptar pequeños papeles de mediocres sitcoms
como personaje ultra secundario
pero tengo un camerino
una soledad que no se la gana nadie con el mínimo esfuerzo
para llorar y arañar las paredes,
de las paredes sale sangre
les estoy desabotonando la epidermis de una forma cruel.
Ni 50 pelucas podrían matar a este hijo
a este ser que chilla como una mandrágora
sin golpear al peine del que hablé al principio
repito: no somos santos,
y habitamos este cuarto oscuro, de cortinas color sangre
y recuerdo que no puedo hablar,
solo balbucear dentro del canto de un cuervo
y cosechar las pocas manzanas del árbol que creció dentro
como esta obsesión que vuelve a hacerme coger el revolver
y alistarle sendas balas para lastimarte.

POE-FUTURO / POE-FUTURE

between the curtains and your full lips
and my black dress that treasures my skin of salt,
is this monster who cuts his own arm
but never tries to stab me on his own
I can still imagine the rumble of the Rolls Royce.

I'm running among the lenses of the film director
who flirts with you
and promises you fortune
and I envy you
and I do nothing but approve the licensing of my books
accept small roles in mediocre sitcoms
as an ultra-secondary character
but I have a dressing room
a solitude that cannot be earned with the minimum effort
to cry and to scratch the walls,
blood's gushing out of the walls
I'm unbuttoning their epidermis in a cruel way.
Not even 50 wigs could kill this son
this being that shrieks like a mandrake
without hitting the comb I spoke of at the beginning
I repeat: we are not saints,
and we inhabit this dark room, of blood-colored curtains
and I remember that I cannot speak,
only babble inside the song of a crow
and harvest the few apples from the tree that grew within
like this obsession that makes me reach for my revolver again
and load a few bullets to hurt you.

Te corto dentro de nuestra fotografía principal
para engraparte a las cortinas y este saxo suena y suena Rita,
Jamás un accidente a las 2am
Jamás Diane Selwyn
Jamás un libro lleno de números de teléfono
Jamás venir a Hollywood
Jamás Betty Elms.

POE-FUTURO / POE-FUTURE

I cut you out of our main picture
to staple you to the curtains and this sax keeps playing on an on, Rita,
Never an accident at 2am
Never Diane Selwyn
Never a book full of telephone numbers
Never coming to Hollywood
Never Betty Elms.

Blue Velvet

La solución ante un fracaso comercial es
tomar entre tus manos una letra que ames
abrazarla suave y entregarte a sus pelitos de espuma
a pesar de que guste del masoquismo,
para mí,
verte por un orificio de este armario
es oler por primera vez las rosas,
ser un bebé que lo observa todo
y no pregunta
para mí,
tu canto es la correa chocando en la pared
y este lugar en donde estoy encerrado
me soluciona la realidad
la presión que siento de mi novia por el compromiso,
los bramidos del jefecito que intenta cortarme el sueldo
por algún lado,
cortame las extremidades tú,
pienso,
en las avellanas de tu cara
tus ventanas
y veo que te ahorcan,
no quiero volver a entrar en este departamento
no quiero cine americano
ni música
ni ver que te lastimen.

Blue Velvet

The solution in the face of commercial failure is
to hold in your hands a letter you love
embrace it softly and surrender to its foamy fuzz
even if you're fond of masochism,
for me,
seeing you through a hole in this closet
is like smelling roses for the first time,
like being a baby who observes it all
and doesn't ask questions
for me,
your song is the belt strap hitting the wall
and this place where I'm locked up
a solution to my reality
the pressure I feel from my Girlfriend regarding our engagement,
the bellowing of the petty boss who tries to cut my paycheck
cut somewhere,
cut my limbs off, you
thinking,
About the hazelnuts on your face
your windows
And I see them hanging you,
I don't want to enter this apartment again
I don't want American movies
no music
not seeing them hurting you.

Él tiene cara de Frank, tú de Dorothy
y yo tengo cara de cualquiera,
el falo erecto, y el miedo secreto,
es de terror tu belleza,
es de comedia este terciopelo
y de amor tu cabello negro,
tu voz me hiere
como los parlantes del 2021 en el volumen máximo
y me pides que te golpee
porque te odias
y no me conoces
y te olfateo como los perros a los huesos
e imagino que tus huesos son dulces y pequeños
tu canto
tu llanto
y esa oreja
nada tiene sentido.

Me refugio en los autos
imagino los gritos de las paredes de mi casa
a veces empujo las sombras que me hablan de cine
a veces camino descalzo por los suburbios
tarareando el sollozo de mi hijo
la sintonizo en la radio
no encuentro las señales del cielo
pero toco mis uñas
y lamento no haberte conocido antes
que los detectives
que estas estúpidas investigaciones
que no tienen resultado

He's got a Frank's face, you've got a Dorothy's
and I have anyone's face,
the erect phallus, and the secret fear,
your beauty is made of terror
this velvet, of comedy
and of love, your black hair,
your voice wounds me
like the speakers of 2021 at maximum volume
and you ask me to hit you
because you hate yourself
and you don't know me
and I sniff you like dogs sniff bones
and I imagine your bones are sweet and small
your song
your tears
and that ear
nothing makes sense.

I take shelter in cars
I imagine the screams of the walls of my house
sometimes I push the shadows that talk to me about movies
sometimes I walk barefoot through the suburbs
humming the sobs of my child
tune her on the radio
I can't find the signals in the sky
yet I touch my fingernails
and I'm sorry I didn't meet you before
the detectives
and these stupid investigations
that yield no results

pero somos animales
somos letras que no forman frases
somos un deseo que se hace realidad
matando a papá y a mamá
me refugio en tu belleza
y la golpeo con mis puños
casi lo estoy disfrutando.

Rodemos en blanco y negro, Laura
invitemos al amor a una trama
y convergemos en un trauma saludable
entre un espejo que se abre
mis paupérrimas emociones
y tus ojos claros,
quiero permitirme el acceso a esta sala,
pasear por este piso de líneas
hablar con dios entre las colinas intrincadas
y quiero dejarte sin entender nada
querido espectador
tú que miras esto o que lo oyes mientras scrolleas tu fono
un residuo psíquico de la vida
hace 3 años que busqué darte una explicación
y sólo nos quedó la pantalla.

but we are animals
we are letters that do not form sentences
we are a wish that comes true
killing mom and dad
I take shelter in your beauty
and I hit it with my fists
I'm almost enjoying it.

Let's shoot in black and white, Laura
let's invite love into a plot
and converge in a healthy trauma
A mirror that opens between
my pauperized emotions
and your light-colored eyes,
I want to allow myself access to this hall,
to walk along these lines on the floor
talk to god amidst the intricate hills
and I want to leave you not understanding anything
dear spectator
you watching this or hearing it while scrolling on your phone
a psychic residue of life
3 years ago I sought to give you an explanation
and all we've got left is the screen.

少年的你 (Better Days)

la violencia escolar no es alternativa
nos enseñaron a mirar debajo de las ojeras
babeando lágrimas
nos enseñaron a soportar
el pre- examen de admisión
a golpes en una calle después de las 6pm
nos enseñaron a llorar para adentro
para concentrarnos en las pruebas finales
porque al más tonto lo empujan por las escaleras
en un sistema digno y certificado con el sello del emperador
nos tienen en la recta final, en el ultimo mes
sonriéndole a nuestra madre
que para comer practica el contrabando
y se esconde con sus amigas
hablamos por teléfono 3 veces al mes
me caliento nuggets y 1 sopa de vaso para la cena
al día siguiente un nuevo video corre por los chats grupales
otra víctima desnuda y con golpes en el rostro
otro sendero que chilla y pide que porfavor paren
pero nuestros compañeros privilegiados
robaron herramientas de los talleres de sus padres
nos limitaron la salida cuando suena la campana
es hora de ir a casa
en un suburbio asiático y moderno
pero lleno de matones a sueldo
para adolescentes con frustraciones sólidas

少年的你 (Better Days)

school violence is no alternative
we were taught to look beneath the bags under our eyes
drooling tears
we were taught to endure
the pre-admission test
the hard way on a street after 6pm
we were taught to cry inwardly
to concentrate on the final tests
because the dumbest one gets pushed down the stairs
in a dignified and certified system with the emperor's seal
they've got us on the final stretch, in the last month
smiling at our mother
who smuggles contraband in order to eat
and hides with her friends
we talk on the phone 3 times a month
I heat up nuggets and 1 cup noodles for dinner
the next day a new video runs through the group chats
another victim naked and punched in the face
another path screaming and begging to please stop
but our privileged classmates
stole tools from their parents' garage
we were restricted from leaving when the bell rang
it's time to go home
in a modern Asian suburb
though full of hired thugs
for teenagers with solid frustrations

violadores a sueldo que te escupen por unos yenes
para viralizarte maltratada con el uniforme roto
apago el móvil a las 8 de la noche
un grillo canta conmigo la canción de cuna que aún necesito
no descanso pero cierro los ojos
simulo que duermo mientras paso una lista mental
¿Quién será la siguiente?
¿Y la siguiente?
¿Y la subsiguiente?

POE-FUTURO / POE-FUTURE

contract rapists who spit on you for a few yens
to viralize yourself battered with a torn school uniform
I turn off my cell phone at 8 o'clock at night
a cricket sings with me the lullaby I still need
I do not rest but I close my eyes
I simulate my sleep as I go through a mental checklist
Who will be the next one?
and then the next one?
and the one thereafter?

Manifiesto 2021

Siento fuerte cada equivocación
cada vez que me permito sentir
termino llorando
Quién será la siguiente
Qué será lo siguiente
y lamo mis dientes
me quito un pedacito de gallina en la encía
con los restos de un chip prepago
ayer también sentí que había perdido algo
una corona bebé en el dedo anular
se resbaló en una cantina que en pandemia se ve decente
por culpa de esta gelatina transparente
esta gelatina dentro un frasco de conejo
para desinfectar mis manos cada 5 minutos
quiero poner en historias que estoy en pena
e imaginar que recibo 83 mil vistas y que me regalan consuelos
que de pronto se llene la cantina y vuelva a ser discotek
que vuelva el boliche de hediondos baños
y que regrese ese sudor cuando estaba en el éxtasis más alto
para el pogo con rock de los 80
para besarme con varios aliens dentro de ese pasado horno de contención
bailando encima de 100 tablas
quiero que mi crema concha de nácar sea esa cerveza
la más helada de la boca de mis amigos
extraño abrazar a esos borrachos
en la madrugada llorando

Manifiesto 2021

Every mistake I feel deeply
every time I allow myself to feel
I end up crying
Who will be the next one
What will be the next thing
and I lick my teeth
I pick a little piece of chicken off my gums
with the remnants of a prepaid chip
yesterday I also felt like I lost something
a baby crown on my ring finger
slipped off in a tavern that looks half decent in pandemic times
because of this transparent jelly
this jelly inside a rabbit jar
to disinfect my hands every 5 minutes
I want to post in stories that I'm in sorrow
and imagine that I get 83 thousand views and they give me comfort
that suddenly the tavern fills up and becomes a night club again
that the bowling alley with stinking toilets returns
and may that sweat of my highest ecstasy return as well
to dance the pogo to 80's rockk
to make out with various aliens inside that burnt-out containment oven
dancing on top of 100 planks
I want my mother-of-pearl cream to be that beer
the coldest from my friends' mouths
I miss hugging those drunkards
weeping in the wee hours

y que no haya diferencia con este momento
en el que tecleo
aprieto letras porque ya nadie quiere hablar
todo es telegram
todo es el recuerdo de papá
y su vacío
antes nada era fácil y ahora tampoco
me permito sentir
cada equivocación

POE-FUTURO / POE-FUTURE

and may there be no difference with this moment
in which I hit keys
I press letters because no one wants to talk anymore
everything is telegram
everything is a memory of dad
and his void
nothing was easy before and nothing is easy now
I allow myself to feel
every mistake

LOS TRATADOS DE LA GANADORA

TRATADO 1
Hola, te duele allí abajo en el mundo? escucha aquí el aullido de un huracán que corta los colores más fuertes, los que te aflojan el esfínter de miedo con mi brillo, con un collar con la letra F. Estoy aquí carajo parada con un croptop en el escenario, son cien luces encima de esta gerencia con mis antebrazos anchos, así que no te atrevas a mirarme para abajo, todavía no me descubres un secreto, sandunguea para allá y sonríe que te filmo a diario a 360 grados de ebullición.

TRATADO 2
Mi fibra es gruesa, la participación de mis tíos me restan lucha, y mis campanas se agitan ante su movimiento de cejas, quieres comer lo que sea, mientras yo me alimenté de lo más rico en la infancia, ya tenía las botas para aplanar el piso un poco más y que te sientas más cretino, poseo la magia de mil gatorades, soy la taurina acelerada, con mi cosmetología y mi cuero duro, esos brillos nunca se rompen.

TRATADO 3
Pero aquí donde hay menos ley y más acoso, pateo tus uñas llenas de hongos con mi desprecio, me delineo gato, y siento la banda que fortalece las llantas de esta volvo. He atropellado a puro fuego la música de mi ombligo, he desesperado las paredes de algún hotel fino en mis veintes. Dejarse sentir es una revolución, la tristeza también lo es. Pero hoy que el mundo se cae a mares, silenciosa con la gutapercha en la mano envuelvo un cohete, que lleva dentro al patriarchy, visto

POE-FUTURO / POE-FUTURE

TREATISES OF THE WINNER

TREATISE 1
Hello, does it hurt you down there in the world? here, listen to the howl of a hurricane cutting through the strongest colors, the ones that loosen your sphincter, frightened with my glitter and a necklace with the letter F. Here I am fucking standing with a croptop on stage, a hundred lights above this management with my wide forearms, so don't you dare look down on me, you still haven't discover a secret about me, rave up that way and smile 'cos I'll film you on the daily at 360 degrees boiling.

TREATISE 2
My fiber is thick, my uncles' participation diminishing my struggle, and my bells shaking up before the eyebrow movement, you want to eat anything, whereas I was nourished by the tastiest in my childhood, having already the boots to flatten the floor a little more and make you feel more of a fool, possessing the magic of a thousand gatorades, I am accelerated taurine, with my cosmetology and my hard leather, that gleam that never shatters.

TREATISE 3
But here where there's less law and more harassment, I kick your fungus-filled nails with my contempt, eyelining me a cat, feeling the band strengthening the tires of this volvo. I have rode roughshod over my bellybutton music straight fire, I have driven some fine hotel walls crazy in my twenties. Letting yourself be felt is a revolution, sadness is too. But today that the world is going down the river, silently with the electrical tape in hand I wrap up a rocket, carrying the patriarchy

uñas doradas y espejos en los labios. Soy la black mask de las espinillas en este país donde quemamos antorchas verdes y dedicamos versos a quienes ya no están.

TRATADO 4
Guacho tú no expensas money viviendo de club, comiendo de club, esos nocturnos millones que tumban una casa vieja con 5 espacios, 5 niveles de sayayin, translucida llego a la medianoche cuando las miedosas ya pidieron uber para su casa, todos tenemos mascarillas rosas, en el power acondicionado que cura mis heridas de infancia. Nunca más las volveré a sentir, como hamburguesa con mucha salsa y escupo los restos duros, venme a buscar con algo delicioso para mi boca.

TRATADO 5
Siento una química sensual en la pista luego de la lluvia, el capó, luego del asalto con unos brazos velludos que me envuelven, varias noches me han dejado arañazos todos nasty sus dueños, pidiendo previo permiso. Me vestí de cuero severas noches para evadir la ley. A las 11 de la noche subiendo al último tren para volver al Este donde faltan pistas pero te doy una buena dirección con la punta de mi culo. La bicha de la familia que sabe pararse con todos los dientes curados, pónganse el babero antes que haga mi runway walk ganador.

TRATADO 6
Mi mirada en los mensajes rogándome dos palabras de aliento, una mirada de atención, pero no tengo tiempo, los negocios me persiguen, sigo a expensas de la acumulación de parabienes, tú también podrías, el coraje lo tienes encerrado. Echate lipstic carmín para conocer tu

inside, flaunting golden nails and mirrors on my lips. I am the blackhead-removing mask in this country where we burn green torches and dedicate verses to those who are no longer with us.

TREATISE 4
Guacho you don't outspend money living in clubs, eating in clubs, those nocturnal millions that knock down an old house with 5 areas, 5 saiyan levels, I arrive translucent at midnight when the fearful ones have already called an uber to go home, we all have pink face masks, in the power conditioning that heals my childhood wounds. I'll never feel them again, eating a hamburger with lots of sauce and spitting out the stale scraps, ccome find me with some delicious thing for my mouth.

TREATISE 5
I feel a sensual chemistry on the roadway after the rain, the car hood, after the assault with hairy arms enveloping me, their owners have left me with very nasty scratches several nights, requesting prior approval. I dressed in leather on severe nights to evade the law. At 11 at night boarding the last train to return to the East where roads are missing but I give you a good address with the tip of my ass. The family beetch who knows how to stand tall with all her teeth filled, put your bibs on before I do my runway victory walk.

TREATISE 6
My eyes on the messages begging me for two words of encouragement, a caring glance, but I have no time, business is booming, I'm still at the expense of the accumulation of compliments, you could do it too, you've got your courage locked up. Put on carmine lipstick so you can

voluntad, ponte un versace y tus tabas gucci de polvos, alisto este camión que traigo en la lycra. Mi nota es 20 desde que nací. Las ventiladoras vienen a echar mi pelografía a andar, vienen solas hacía mí, vuelan alrededor.

TRATADO 7
Soy latinoamericana llena de margaritas en esta dark zone, y me siento con los mejores memes de Lima socialista acá en esta banca que hace 10 años mi papá compró y siempre usaba para sus artesanías, y me gusta que me miren, me hablen, me quieran, no soy del poco interés, aunque la duda me desecha, el infierno son tus orejas ardiendo por arrodillarte frente a esta mata de cabello seco, a lamer cada tatú con suma cautela. Este screen en mi corazón son los crespos hechos artificialmente en el salón de las venezolanas. Mis compañeras me enseñan sobre las combinaciones del limón en la humedad de mi capital.

TRATADO 8
Si me desvelo al final de estos versos lijaré la sangre mensual, agitaré mis aretes en el viento, aullaré de noche en el vacío de este toque de queda para perfilar mi cerquillo con el baño de luna, lo cybernetico me jala, descargo tutoriales de precipitaciones, al final, este poder te podría cegar mientras como mis bizcochos. Lima contiene en su gris la cola de mi avión privado en el aire de camino a Santiago de Chile. Siempre en tacos mayores al 12. Qué pasa? No puedes caminar como yo? Araña entonces la planta de tus pies para que se formen callos y lo logres. Los domingos no te bañes ni te levantes cerca de mí.

know your will, put on a versace and your knock-off gucci kicks, I'm warming up this truck I've got in my pantyhose. I've been making A's since I was born. The fan blowers are coming to set my hairgraphy in motion, coming to me on their own, flying all around.

TREATISE 7
I'm a Latin American full of margaritas in this dark zone, and I sit with the best memes of socialist Lima here on this bench that my dad bought 10 years ago and always used for his crafts, and I like to be looked at, to be talked to, to be loved, I'm not one of the least interested, although hesitation throws me off, Hell is your ears burning from kneeling in front of this clump of dry hair, licking each tattoo with extreme caution. This screen in my heart are the artificially made curls in the Venezuelan salon. My comrades teach me about lemon combinations in the humidity of my capital city.

TREATISE 8
If I stay awake at the end of these verses I will smooth down the monthly blood, I will wave my earrings in the wind, I will howl at night in the void of this curfew in order to trim my bangs under the moon bath, cybernetics sucks me in, I download precipitation tutorials, in the end, this power could blind you while I eat my biscuits. Lima contains in its grayness the tail of my private plane in the air en route to Santiago de Chile. Always wearing high heels above size 12. What's wrong? You can't walk like me? Scratch then the soles of your feet so calluses form and you can do it. On Sundays do not shower or even get up near me.

TRATADO 9

Hasta en la nieve con mis gucci plásticas, sin fumar, soy muy buena para eso, si quiero relax la 420, si quiero rezar, no pediré perdón, muérete de intriga, tu corazón lleno de luz no soporta este llanto de amor que nace de mis alas, de mis orejas puntiagudas, de mis gafas de sol en el fuego. Esta rosa oculta de las pestes del planeta, es carnívora, como mis manos. Cualquier astro brilla menos que mis uñas ahora mismo, y si mi madre trenza mis pelucas igual me las pongo para desfilar en las librerías del Sur.

TRATADO 10

Seguirá bombeando este 2021 este sol en mi mohicano, el petróleo también pinta mis botas, el cuerpo para la dominación, todo es bondage. Surco el cielo como un vapor efímero que se alarga como un gato cuando descansa en mi colchón. Y rompo todos los collares, tengo la piel expuesta a los ácidos con vitaminas, y en el holocausto de la nueva era invitaré a mi hermana a tocar el violín que aromatiza mi cueva con preservantes y me libera del sudor de pensar que no soy suficiente y que tuve una mala crianza. Pero mi padre desde el cielo toca una flauta y todas mis sedas florecen para ser millones de niños alegres jugando en un campo y sonriendo al son de un buen trap.

POE-FUTURO / POE-FUTURE

TREATISE 9
Even in the snow with my plastic guccis, no smoking, I'm too good for that, if I want to relax then 420, if I want to pray, I won't ask for forgiveness, you can die of curiosity, your heart full of light cannot bear this cry of love born from my wings, from my pointed ears, from my sunglasses in the fire. This rose hidden from the pests of the planet, is carnivorous, just like my hands. Any star shines less brightly than my fingernails right now, And if my mother braids my wigs, I'll wear them all the same to go parading to the bookstores in the South.

TREATISE 10
This 2021 will keep pumping this sun on my mohawk, petrol also certainly paints my boots, the body for dominion, everything is bondage. I plow through the sky like ephemeral vapor stretching like a cat when resting on my mattress. And I break all necklaces, my skin is exposeto vitamin acids, and in the new age holocaust I will invite my sister to play the violin, aromatizing my cave with preservatives and liberating me from the sweat of thinking that I am not enough and that I had a bad upbringing. But my father from heaven plays a flute and all my silks bloom to become millions of happy children playing in a field and smiling to the tune of a good trap.

Cam Girl

Me preparo para ser cam girl
porque la vida no es un cuento de hadas
son las 11 de la mañana
mis amigos en Corea ya despertaron
envían EMOJIS al Kakao
los de España y de Turquía toman un descanso
mis bolsillos gritan por la soledad
a pesar de mi desnudez de archivo multimedia
me preparo para ser un holograma bailando
siempre bajando la cámara aunque el fetiche sea mi cabello
arqueo los labios de filtro gratuito
le doy play a mi descubrimiento semanal
next a todas esas rolas
el perreo no me representa ahora.

Limpio el tubo de pool dance
para amoretear un poco más mis muslos
llenos de cicatrices que no se ven en HD
hace 10 años que no duermo
me persiguen ideas extrañas y voces
debo verme intelectual y misteriosa
tapar todas las ventanas
y colocar foquitos pastel para las fotos
debo echar a los gatos de mi cama
nunca me gustó la vida real
adopté la forma de maniquí con el make up pegado

Cam Girl

I'm getting ready to be a cam girl
because life is not a fairy tale
it's 11 o'clock in the morning
my friends in Korea have woken up
they send EMOJIS to Kakao
those in Spain and Turkey take a break
my pockets scream from solitude
in spite of my nudity as a multimedia file
I get ready to be a dancing hologram
always lowering the camera even though the fetish is my hair
arching my lips in a free filter
press play on my discovery of the week
next to all those tunes
perreo does not represent me now.

I clean the pole dance tube
to bruise my thighs a little bit more
full of scars that cannot be seen in HD
I have not slept in 10 years
I'm haunted by strange ideas and voices
I must look intellectual and mysterious
cover all the windows
and set up pastel lights for the pictures
I must kick the cats out of my bed
I never liked real life
I adopted the form of a mannequin with my glued-on makeup.

me siento un hongo seco
agarro el celular
scroll on twitter
doy likes sin ver a donde.

Me preparo para ser cam girl
tengo 2 encendedores para iniciar un incendio
quemarme un poco de piel para sentirme real
hasta que un bot venga a reemplazarme y se lleve mis fichas
qué más da todo este mes es 4.20
y uno puede ver las estrellas cuando apaga la luz
le puedes meter glitch a esa oscuridad
y envolverte de mareos
parar ya con el pop y poner vapor wave
coger un compañero eléctrico o que use baterías
prender la luz en una hora
y volver a grabar un en vivo en sostén.

this rolling paper is organic,
por eso lo como para parar con la combustión
me late que puedo morir mañana
y quizás estos tipos sean los últimos romances de internet
para apurar a la tristeza
que salga de este smartphone que lo contiene
mi termómetro de Melancolía está en 40
tomo un clona de 2mg
es difícil no volverse adicto
es difícil evitar la ansiedad en la madrugada
asesiné a 5 tipos más en esta red de citas por ser fake

feeling like a dried mushroom
I grab my cell phone
scroll on twitter
giving likes without looking.

I'm getting ready to be a cam girl
I have 2 lighters to start a fire
burn a little of my skin to feel real
until a bot comes to replace me and takes away my tokens
who cares all this month is 4.20
and you can see the stars when you turn off the light
you can glitch up that darkness
and engulf yourself in motion sickness
stop with the pop already and put on vapor wave
grab an electric or battery-operated partner
turn the light on in an hour
and re-record a live stream with your bra on.

this rolling paper is organic,
that's why I eat it to stop the combustion
I have a hunch I could die tomorrow
and maybe these dudes are the last of the internet flings
to rush up the sadness
may it come out of this smartphone that contains it
my Melancholy thermometer is at 104
I take a 2mg k-pin
it's hard not to get addicted
it is hard to avoid anxiety in the early morning
I murdered 5 more dudes on this dating site for being fakes

a mi muéstrame el rostro
o envíame un rappi con un trozo de cabello
tengo ganas de olfatearlo
aún tiemblo cuando hago streaming.

Entre dudas me preparo para ser cam girl
y me pinto los labios por encima de la línea
todo tiene que estar naranja aunque lo odie
quiero llamar a mamá, preguntarle si ya puedo volver a casa
si la depresión acabó allí
pero solo hay un perro triste sin poder salir
entonces checo más packs para matar el tiempo
esto es un videoclip de soledad
la persona que escribió esto no existe
solo figura como avatar y no responde por twitch
quizás al mediodía se alimente o quizás no
o quizás se siga instalando apps hasta estallar
la memoria
la pantalla
y todo el sistema.

POE-FUTURO / POE-FUTURE

you show your face to me
or send me a rappi with a chunk of hair
I'm eager to sniff it
I still shudder when I livestream.

Amidst doubts I get ready to be a cam girl
and I paint my lips above the line
everything must be orange even though I hate it
I want to call mom, ask her if I can go home now
if depression is over there
but there's only a sad dog who cannot go out
so I check more packs to kill time
this is a video clip of loneliness
the person who wrote this doesn't exist
only appears as an avatar and doesn't respond on twitch
maybe at noon she will eat or maybe not
or maybe she keeps installing apps until making
the memory
the screen
and the whole system explode.

Soy una diva pop

Soy una diva pop escondida en la maletera
Las incertidumbres que tuve a lo largo de mis 20 años son de la misma cantidad que mis exhalaciones aquí encerrada.

Echada
Sudando

Afuera hay un batallón de policías.

Los mismos que desalojaron a gente con hambre y sin hogar
en varias zonas de lima
Esa gente cargo esteras y construyo fuertes
                                        [para sentir que tienen casa
Para que el frío no les de tan fuerte
Y ese frío congelo mi corazón un día de cuarentena
Estuve horas sintiéndome desdichada
Y decidí hacer una fiesta,
quizás la última de mi vida
A cuestas de una enfermedad que mata a los de mi generación
Pero me salió el tiro por la culata y llegaron los policías y militares con las bombas activas para arrancarme y mear con su incorruptible honor sobre mi
Sobre este campo que miné para defenderme de sus ataques
Para bajar del mundo por una noche.

Ellos son los mismos que arrojan una soga
                                       [sobre los invasores de terrenos
Para ahogarlos bajo la humedad de lima

I'm a pop diva

I'm a pop diva hiding in the trunk
The uncertainties I've had throughout my 20 years of age are
the same amount as my exhalations while locked up in here.

Lying down
Sweating

There is a police battalion outside.

The same ones who evicted hungry and homeless people
in several zones of Lima
Those people carried straw mats and built forts
                              [to feel that they have a home
So that the cold doesn't hit them so hard
And that cold froze my heart one quarantine day
I spent hours feeling miserable
And I decided to throw a party,
maybe the last of my life
On the back of a disease that kills those of my generation
But it backfired and the police and the military arrived with active
bombs to tear me apart and piss all over me with their incorruptible
honor
On this field that I mined to defend myself from their attacks
To get off the world for one night.

They are the same ones who throw a rope
                              [over the land invaders
To drown them under the humidity of Lima

Los une para gasearlos y hacerlos llorar
[una vez más
Porque desean verlos en el piso
[y verme en el piso
Y yo quise levantarme de este entierro de la razón haciendo una reu
con gente que finge ser mi amiga
Con niños ricos que nunca han trabajado
Les permití integrar la lista divina para el goce de unas cuantas horas
de drogas y alcohol
Soy conocida internacionalmente como la salsera más sexy del Perú
Me dicen la YaJa, me dicen la sindi,
la sindiente
Y estos tipos disfrutan verme bailar
Quería sentirme bien una noche
Porque con este dinero no puedo comprar amor ni amigos ni felicidad
Pero puedo adquirir alcohol
Y un poco de comida
Y un stereo
Y pagar el alquiler
Solo me quise bajar de esta realidad
[que me agarra del cogote
Solo quise dejar de llorar porque todo está mal
Pero llegaron los militares y al igual que los invasores
[atentaron contra mi
Estoy escondida ahora en esta maletera sucia
A ver si dios me encuentra y me desaparece
Que me lleve dónde el mar no esté prohibido
Que me lleve al pasado dónde viajar y regalar besos

That brings them together to gas them and make them cry
                    [one more time
Because they want to see them on the ground
                         [and see me on the ground
And I wanted to rise up from this burial of reason by having a shindig with people who pretend to be my friends
With rich kids who have never worked
I let them take part in the divine list for the enjoyment of a few hours of drugs and alcohol
I'm known internationally as the sexiest salsa dancer in Peru
They call me YaJa, they call me eden, edentate
And these dudes enjoy watching me dance
I wanted to feel good for one night
Because with this money I can't buy love or friends or happiness
But I can acquire alcohol
And some food
And a stereo
And pay the rent
I just wanted to get off this reality
            [that's grabbing me by the scruff of my neck
I just wanted to stop crying because everything is wrong
But the military arrived and just like the land invaders
                    [they made an attempt on me
Now I'm hiding in this dirty trunk
Let's see if god finds me and makes me disappear.
May he take me where the sea is not forbidden
May he take me to the past where I can travel and give kisses away

Dónde pueda mover el culo delante de
                     [5mil personas reunidas
Soy el mar de invasores que al ritmo de salsa se defienden de los
bazucasos y los insultos,
solo me queda llorar.

Llegaron por mi
Abrieron la cajuela
Yo sigo sudando llena de dolor y vergüenza
Con hambre y sed
Y ningún dólar en mi cuenta me haría retroceder en el tiempo
Para evitar este momento.

POE-FUTURO / POE-FUTURE

Where I can shake my ass in front of
                               [5thousand people gathered together
I am the sea of invaders that to the rhythm of salsa defend themselves
from the bazookas and insults,
all I can do is cry.

They came for me
They opened the trunk
I'm still sweating full of pain and shame
Hungry and thirsty
And no dollars in my account could make me go back in time
To avoid this moment.

¿Contamos mis pasos de baile frente al móvil?

Somos todos tristes mamifer@s invisibles alrededor
que se enfrentan al hablar
nos hemos sacado los abrigos así en superficies
en estúpidas disculpas
¿Contamos mis pasos de baile frente al móvil?
no siento esos movimientos
sino me graban
le huyo a las orcas
no quiero su amistad
si me atacan
para evitarlo debo saturarme oye
me beben enérgicos abandonos
y esta libreta fofa
y solitaria
llena de cabello azul
uñas mordidas
así salto del susto
como cuando juego hitori kakurenbo
para darle vida a 1 muñeco
busca si gustas esos efectos paranormales
ubícate en esos demonios
ubícate en mis ciber-filtros
esas son tus tareas pendientes
que cuelgan de mi adiós amiguis
despedidas imaginarias en youtube

Let's count my dance steps in front of the mobile phone?

We are all sad invisible mamm@ls around
facing each other when they talk
we've taken off our coats like this on the surface
in stupid apologies
Let's count my dance steps in front of the mobile phone?
I don't feel those movements
if I'm not being recorded
I run away from the orcas
do not want their friendship
if they do attack me
hey I need to get saturated to avoid it
energetic abandonment drinks me
and this flabby
lonely notebook
full of blue hair
bitten fingernails
so I jump from the shock
like when I play hitori kakurenbo
bringing 1 doll to life
search if you like for these paranormal effects.
locate yourself in those demons
locate yourself in my cyber-filters
those are your pending tasks
hanging from my goodbye homies
imaginary farewells on youtube

adiós manos encendidas
costras heridas
en estos dedos jugosos
after amarse diva exitosa
odiada que se odia y abraza dos placeres.

POE-FUTURO / POE-FUTURE

goodbye burning hands
scabs wounds
on these juicy fingers
after loving thyself successful diva
hated one who hates herself and embraces two pleasures.

La veneno

La veneno me apunta con su cigarrillo encendido
Una vez más cuelgo el lapicero para apuñalar la hoja
Agárrate que viene en curva
Me hace las uñas y veo sus tetas flotando en un corpiño de látex
Me cura las heridas
Me lava la piel
Sonríe y se muerde el labio
El rojo mate pintó su diente
Ese diente es mi alma
De la mano de mi padre
El cual fue un hombre afortunado
Porque no nací varón
Por eso mis tacones no son tan altos
El rock es la serpiente que decora la cabeza de la veneno
Hablemos de cash
Para inyectarnos los labios
Quiero parecerme a Amanda Lepore
Cuánto puedo sacar si grabó una porno?
Cuelgo el lapicero en el seno derecho de Cristina
Y le pinto el seno
Cuantos golpes hemos recibido de nuestros maridos querida?
Cómo nos dañaron psicológicamente?
Revienta ese último toque en mi casaca de jean
Para que me entre un poco de niebla
Aquí en el malecón
Donde llueve y la marea aumenta
El make up tiene que ser a prueba de agua
O de cualquier dolor.

Poison girl

Poison girl points her lighted cigarette at me
Once again I hang up the writing pen to stab down the page
Brace yourself, it's a curve ball
She does my nails and I see her tits floating inside a latex bodice
She heals my wounds
She washes my skin
She smiles and bites her lip
Red matte has painted her tooth
That tooth is my soul
Holding my father's hand
Who was a fortunate man
Because I wasn't born a male
That's why my heels are not so high
Rock'n'roll is the serpent that decorates Poison Girl's head
Let's talk about cash
For lip injections
I want to look like Amanda Lepore
How much can I get if I shoot a porno?
I hang the writing pen on Cristina's right boob
And I paint her boob
How many beatings have we received from our husbands, dear?
How did they psychologically damage us?
Rip that last toke on my jean jacket
So that I can get a little fog inside me
Here on the boardwalk
Where it rains and the tide is rising
Our makeup has to be waterproof
And also painproof.

Pupi

Cuando me acuerdo de ella
Pisaba fuerte
Más que el tecleo en google drive
Sus tetas perfectas
Mi alma Pinky corazón
La guitarra saca los poemas
A mí mesa le quité las patas
Son cien mil
Te apetece mi vida?
Te apetece representar este papel?
No sé explicarte nada
Quizás del cielo caiga un jurado de runway
Y dos o tres traiciones
Flowers in my wig
Me desmoraliza los pendientes
Que compre hace poco en una rueda de prensa
En crosover con una feria de Fanzines
Muy a la peruana
Rodeada de llamas y ceviche
Mojada en rompe calzón
Se me calienta la Pupi
Me hace gracia abrirme la falda
Y tomarme una selfie relamiendo mis dientes
Estoy limpiando el orégano que me quedo de la pizza de esta tarde
Mi look es literario
Mi plástico es una sonata de cpu

Coochie

When I remember her
She treaded firmly
More than typing on google drive
Her perfect tits
My soul Pinky my heart
The guitar brings out the poems
I took the legs off my table
It'd be a hundred thousand
Do you feel like it, honey?
Do you feel like playing this role?
I don't know how to explain anything
Maybe a runway jury will fall from the sky
And two or three betrayals
Flowers in my wig
I'm demoralized by the earrings
I recently bought at a press conference
In crossover with a Fanzine Fair
In a very Peruvian fashion
Surrounded by llamas and ceviche
Soaked in *rompe calzón*
My Coochie gets hot
It's fun to open my skirt
And take a selfie licking my teeth
I'm cleaning up the oregano left over from this afternoon's pizza
My look is literary
My plastic is a cpu sonata

La categoría es fiera con este distrito donde todavía me pueden enviar
un serenazgo por romper la paz del vecindario
Donde pierdo amigas cada semana
Quizás el mar tenga razón
Y todo se fue al garete.

POE-FUTURO / POE-FUTURE

The category is fierce in this district where they can still send me a
security guard for disturbing the neighborhood peace
Where I lose girlfriends every week
Maybe the sea is right
And everything went down the drain.

Por dinero es más fácil

Me gusta que me pagues mientras estamos foliando,
Y corremos lejos de los rayos láser ultravioletas que te enrojecen la piel.

Cuídate mucho conejo eres bello
Sobretodo cuando poemilitas contra keiko
Y si citas a Nicolás Tezzla como el responsable de las últimas muertes en New York
Añay 38 estrellas.

Hay quienes dicen que nuestra nave puede teletransportarse de un agujero de gusano en El Callao hacia otro agujero de gusano en Mexicali y traer peyote metálico fusionado al material de la nave.

Del punto A al punto B sucedió una eternidad.

Por Whatsapp te dan las indicaciones para entender como afinar las cuerdas de tu guitarra corporal
Bebes coca cola y café luego de hacerte el skin care de la mañana
Prendes dross y un desperdicio de tronco del viernes en la noche,
No sabías que lo tenías.

Ioshua me recita las estrellas
Con merca y en dólares es más fácil
Porque así no sabés del dolor de amar
Y es justo decir que nosotros tampoco queremos escuchar sus argumentos porque dudan.
Ellos dudan.

POE-FUTURO / POE-FUTURE

It's easier for the money

I like that you pay me while we're fucking,
Running away from the ultraviolet laser rays that redden your skin.

Take care of yourself rabbit you're beautiful
Especially when you do poeactivism against keiko
And if you cite Nicolas Tezzla as being responsible for the latest deaths in New York
Añay 38 stars.

There are those who say that our ship can teleport from a wormhole in Callao to another wormhole in Mexicali and bring metallic peyote fused to the material of the ship.

From point A to point B an eternity happened.

By Whatsapp they give you the instructions to understand how to tune the strings of your bodily guitar
You drink coca-cola and coffee after getting your morning skin care.
You turn on dross's blog and the scraps of last Friday's night spliff,
You didn't know you had it.

Ioshua is reciting the stars to me
It's easier with a stash and in dollars
That way you don't know about the pain of loving
And it's fair to say that we don't want to listen to their arguments either because they have doubts.
They do have doubts.

Quise meterme el dedo luego de tomar ramen para sacarme la carne de
cerdo que me inundó los dientes.

La humanidad está cerca de extinguirse,
Por eso me gusta que foliemos y me des dinero para esconderlo en mi
mochila.

Y sigo el curso de Rusia y Estados Unidos
En algún peligro Perú distópico
Dónde los edificios son color chocolate mate y periquitos
Estudiemos auroras boreales
Marchemos con el goce militar de la escuela
Y volvamos a nuestra nave
Visitemos otros planetas/desastre a seguir cometiendo el mismo
crimen en loop una y otra vez una y otra vez
                            [una y otra vez.

POE-FUTURO / POE-FUTURE

I wanted to stick my finger in my mouth after having ramen to rake out the pork meat that flooded my teeth.

Humanity is close to extinction,
That's why I like when we copulate and you give me money to hide in my backpack.

And I follow the course of Russia and the United States
In some dystopian Peruvian peril
Where buildings are the color of matte chocolate and parakeets also
Let's study the aurora borealis
Let's march with the military joy of school
Let's return to our spaceship
And let's visit other disaster/planets and keep on committing the same crime on a loop over and over again over and over again
                                        [over and over again.

Acknowledgments

Hello, my friends call me Fio. I'm part of the LGBTIQ+ community. I belonged since I was little, although I never admitted it. All the signs were diluted inside me, just like my taste for writing, which also started as a curiosity, just one of those childhood things. The 90's were lovely, musically, and that influenced my spirit a lot, in addition to the random events that used to happen to an extroverted girl, a little bit of a bookworm who had imaginary friends.

I have been told I am neurodivergent and I've been taking medicine for such things for a few years now. It's not that serious, but it changes your life, you know? The psychologist gave me several tests and established guidelines for me.Those conversations, not at all interesting, did not solve my problem. But at least now I have a stronger will to try and live better, and the guidelines help me to get up in the mornings, even if everything feels like a fog.

I have friends who are like a big family (without any blood ties), who are always there when things get messy, when there is sickness and trouble. Maybe we are building a new community, like a small country within a small country. Working together, even mourning together the loss of someone's mom or dad, especially in times of pandemic.

I have a dad in the form of an aquatic angel. He is hyperlinked to the sea and rivers. Luckily, I have the privilege of being close to the sea. Every day I feel his presence again and listen to all the wise advice he gave me and which I reluctantly listened to. I miss arguing with him about politics and having a lot of fun chatting about other less serious topics. He would always share my live videos when I read poetry under quarantine via Facebook.

When I visited Ecuador and Argentina, so many people helped me. The artists there have birds in their souls. I do like animals more than people sometimes. I have cats. There is also a small dog, a lovely mother and a very strong sister with a brave heart. With them I share a bookshelf in our house, east of Lima. But now I have moved a little far away from them, to consummate other books and to keep the sea close to me. I love my work, and I continue to write every week, obsessively. I know I should calm that compulsive anxiety, but I don't want to.

Miraflores, Lima. Thursday, October 7, 2021 in the middle of a soccer match between Peru and Chile.

INDEX OF POEMS

I. INANICIÓN / STARVATION

Los tratados de la Perdedora / Treatises of the Loser
18 / 19

DUIDHAIDHAJAK
26 / 27

Palabra de hotel / Motel words
28/ 29

(Existen hombres...) / (There are men...)
32 / 33

SLAVE
34 / 35

aefecto aforismo asocial / aeffect asocial aphorism
38 / 39

(Cuando el miedo...) / (When fear is...)
42 / 43

(Las cosas se corren...) / (Things run when...)
44 / 45

(En este cuartito miserable) / (In this miserable little room)
46 / 47

BAJA / DESCENDS
48 / 49

NINJANWJXJDDNKNIXXYNIH2O
50 / 51

EXPLOTION
55 / 56

COCA / COKE
54 / 55

II. POWER

Escribo poesía para no insultar - para insultar - para matar / I write poetry so as not to insult - to insult - to kill
60 / 61

Mamita contó cuando 4 militares atentaron contra ella y su hijo / Mamita told the story of when 4 soldiers assaulted her and her son
66 / 67

PNP le tira explosivos a los que no queremos que liberen al expresidente / PNP throws explosives at those who do not want the ex-president to be released
70 / 71

CONTRA LA POLICÍA DEL PRESENTE / AGAINST THE PRESENT POLICE
72 / 73

LET ME
76 / 77

ANTI ANTI
78 / 79

Las tipas duras escriben poesía / Tough broads write poetry
82 / 83

(Existe una ciudad a presión...) / (There is a city under pressure...)
84 / 85

DISPARA / SHOOT
86 / 87

YO X 13254896478212523 5145645 / ME X 13254896478212523 5145645
88 / 89

ANSIEDAD / ANXIETY
94 / 95

MURDER
96 / 97

LUCI-ON-DESI
98 / 99

ANNA VARNEY
100 / 101

MAQUINA DEL TIEMPO / TIME MACHINE
102 / 103

III. POE-FUTURO / POE-FUTURE

LOS POETAS SE MUEREN / POETS ARE DYING
108 / 109

TÚ / YOU
112 / 113

Juanito Alimaña Millenial / Millennial Jhonny Scoundrel
114 / 115

COSAS QUE SOY / THINGS I AM
116 / 117

RETRATO / PORTRAIT
120 / 121

ODIO AQUÍ / HATE HERE
124 / 125

HECHIZO / SPELL
126 / 127

PAÍS IMAGINARIO / IMAGINARY COUNTRY
128 / 129

Kinestesia / Kinesthesia
130 / 131

A lot of chicas tristes en Instagram / A lot of sad girls on instagram
134 / 135

Hola, tengo 23 años y jamás besé / Hello, I am 23 years old and I've never kissed
140 / 141

CUARENTENA 2020 / QUARANTINE 2020
144 / 145

oda al Coronavirus o una descripción de hechos insólitos / Ode to the Coronavirus or a description of unheard-of events
146 / 147

el futuro / the future
152 / 153

Descubrí a Moses Sumney mientras lloro por los insultos que recibí de mi papá / I discovered Moses Sumney while crying over the insults I received from my dad
156 / 157

El meme de la cifra / The number meme
160 / 161

electroquímicaredbull / electrochemicalredbull
162 / 163

LÁGRIMAS / TEARS
166 / 167

CELULAR / CELL PHONE
168 / 169

Notificaciones / Notifications
170 / 171

Pastillas / Pills
172 / 173

Violencia de género / Gender violence
174 / 175

Drag Queens
176 / 177

Internet es Namasté / Internet is Namasté
180 / 181

LICUADORA / BLENDER
184 / 185

Me convierto en lipstick / I turn into a lipstick
188 / 189

LCD
192 / 193

Mulholland Drive
196 / 197

Blue Velvet
202 / 203

少年的你 (Better Days)
208 / 209

Manifiesto 2021 / Manifesto 2021
212 / 213

Los Tratados de la Ganadora / Treatises of the Winner
214 / 215

Cam Girl / Cam Girl
224 / 225

Soy una diva pop / I'm a pop diva
230 / 231

Contamos mis pasos de baile frente al móvil? / Let's count my dance steps in front of the mobile phone?
236 / 237

La veneno / Poison girl
240 / 241

Pupi / Coochie
242 / 243

Por dinero es más fácil / It's easier for the money
246 / 247

ABOUT THE AUTHOR

Fiorella Terrazas Espinoza aka FioLoba (Lima, Peru. 1990) is an intense gender-fluid emodark-kawaii post-depressive transfeminist neurodivergent queer poet and digital communicator. FioLoba is a creature of the Internet. Her work has been published on websites, magazines and poetry blogs in several Latin American countries. She is one of the editors of Plástico Revista Literaria (revistaplastico.com), and is part of the organizing committee of the ANTIFIL festival (antifil.pe). She has published 5 poetry chapbooks: *Dejo cabellos en los bares* (2013), *Espinosza* (2015), *Hedores* (2017) *Los tratados de la perdedora* (2017) and ☝ (2020). FioLoba's poems are found in the intersectional blender of body, self-image, politics and gender, where Queer-ethics and glitch-Aesthetics become in turn positions for a poetic voice browsing across the decay of our technological future. Her poems have been adapted to different media beyond printed paper or text on screen, using platforms such as Spotify or live streaming through her Instagram account @fioloba. She has several cats. His favorite color is pink and her favorite food is spicy cheetos.

ABOUT THE CONTRIBUTORS

Reina Jara Barrientos (Lima, Peru. 1987) is a social communicator and translator graduated from the National University of San Marcos (UNMSM). She is dedicated to cultural management with special emphasis on the intersections between art, science and technology. She has worked for the National Library of Peru, Alta Tecnologia Andina (ATA.org.pe) and Espacio Fundación Telefónica Lima developing cultural and educational projects. She has worked as the coordinator of the publication *The Future Was Now: 21 years of Videocreation and Electronic Art in Perú* (ATA, 2019), and as translator of Rasheed Araeen's *Zero to Infinity: Writings on Art and Struggle* (Metales Pesados, 2019).

Lucía Carvalho Sandoval (Santa Cruz de la Sierra, Bolivia. 1993) is a poet, violinist, writer and publicist. In 2017 she published her first collection of poems *Fiesta equivocada*. She has collaborated in the digital magazines Liberoamérica, Colibrí, Cronistas Lationamericanos, Muy Wuaso and Poesía Sub25. In 2018 she participated in the International Poetry Festival of Rosario, Argentina as part of the residency for emerging poets. In 2019 she won the Pablo Neruda Prize for young Bolivian poets with the poetry book *Universo 127*. Her work was included in the anthology of feminist essays *La Desobediencia* (Dum Dum, 2019), edited by Liliana Colanzi. She coordinates the anime, poetry and feminism project *Cyberelfa*.

www.ingramcontent.com/pod-product-compliance
Lightning Source LLC
Chambersburg PA
CBHW021440070526
44577CB00002B/228